Stefan Jürgens

Dranbleiben!

Stefan Jürgens

Dranbleiben!

Glauben mit und trotz der Kirche

HERDER

FREIBURG · BASEL · WIEN

© Verlag Herder GmbH, Freiburg im Breisgau 2021
Alle Rechte vorbehalten
www.herder.de

Die Bibelverse wurden, soweit nicht anders angegeben,
folgender Ausgabe entnommen:

*Die Bibel. Die Heilige Schrift des Alten und
Neuen Bundes. Vollständige Ausgabe*
© Verlag Herder, Freiburg im Breisgau 2005

DIE BIBEL

Weiter wurden verwendet:
Einheitsübersetzung der Heiligen Schrift, vollständige durchgesehene und
überarbeitete Ausgabe © 2016 Katholische Bibelanstalt GmbH, Stuttgart,
Alle Rechte vorbehalten (EÜ)

Satz: Daniel Förster, Belgern
Herstellung: GGP Media GmbH, Pößneck

Printed in Germany

ISBN Print: 978-3-451-03315-5
ISBN E-Book (Epub) 978-3-451-82567-5
ISBN E-Book (PDF) 978-3-451-82566-8

Inhalt

Dranbleiben – aber wie?

Viele Christinnen und Christen verlassen derzeit die Kirche. Die Gründe dafür mögen verschieden sein, der Anlass ist fast immer das Versagen der Kirchenleitung. Wer geht, muss sich kaum noch rechtfertigen; rechtfertigen muss sich der, der bleibt. Ich bleibe in der Kirche und möchte mit »Dranbleiben« aufzeigen, warum und wie ich dranbleibe an Jesus, im Gebet und auch an der Kirche, was mich dazu bewegt und mich dabei hält und trägt. Zugegeben, die Lage ist ernst, es gibt nichts zu verharmlosen oder gar zu beschönigen. Dennoch werde ich die Kirche weder lieblos demontieren noch im Chor des allgemeinen Kirchen-Bashings mitsingen. Ich glaube an Gott – mit und trotz der Kirche.

Jesus sagt im Abendmahlssaal: »Bleibt in mir, dann bleibe ich in euch. Wie die Rebe aus sich keine Frucht bringen kann, sondern nur, wenn sie am Weinstock bleibt, so könnt auch ihr es nicht, wenn ihr nicht in mir bleibt« (Johannes 15,4). Dranzubleiben gehört demnach zum Auftrag Jesu, zu seinem Testament an die Jüngerinnen und Jünger. Es geht mir in diesem Buch nicht darum, mich als jemand zu präsentieren, der allen Widrigkeiten trotzt. Ich möchte stattdessen meinen christlichen Glaubensgeschwistern Mut machen, ebenfalls dranzubleiben an Jesus, im Gebet und an der Kirche. Denn auch mir fällt das oft alles andere als leicht.

Mit dem ersten Kapitel »Erfahrungen mit der Kirchenreform« knüpfe ich an die Reaktionen auf mein Buch »Ausgeheuchelt! So geht es aufwärts mit der Kirche« (Herder 2019) an. Man könnte meinen, ich hätte zahlreiche Proteststürme oder gar Rügen von offizieller Stelle erlebt. Habe ich nicht. Das zeigt mir noch mehr: Aus dem Kirchen-Behörden-Apparat ist keine Reform zu erwarten, er kommt aus seiner wagenburgartigen Selbstbezüglichkeit nicht heraus. Deshalb müssen die Christen den Glauben und ihre Kirche selbst in die Hand nehmen, sie notfalls innerlich auch einmal loslassen, wenn sie dem Evangelium im Weg steht. Der von Rom und romtreuen Bischöfen befürchtete deutsche synodale Alleingang dient dem Evangelium möglicherweise sogar besser als eine unbewegliche Universalkirche, einfach weil er mehr Heimat bietet und von daher motiviert. Auch die Ortskirchen anderer Kontinente wären wirkungsvoller, wenn sie mehr Eigenständigkeit und Freiheit hätten. Wir sollten den Katholizismus im Plural denken.

Mit »Über Irrwege auf Umwegen« gehe ich auf die derzeitigen Probleme der Kirche ein. Was bedeutet System- bzw. Existenzrelevanz konkret? Die Kirche wird nach der Corona-Pandemie nicht mehr so sein wie vorher, vielmehr hat Corona gezeigt, wie selbstbezüglich und phantasielos sie geworden ist, und wie zurückgezogen viele Verantwortungsträger bereits sind: »Nach mir die Sintflut«, scheinen einige zu denken. Corona hat drastisch vor Augen geführt, dass die meisten Christen ganz gut ohne Kirche auskommen können, zumindest ohne eine Kirche, die auf Liturgie und Hierarchie beschränkt ist. Es ist an der Zeit, dass die Kirche ihre Themen wiederfindet, nachdem der klerikale Behördenapparat sich durch vielfaches Versagen als untauglich erwiesen hat. Aus dem Vatikan hört man von immer neuen Korruptionsfällen, die Diözesen sind bürokratisch erstarrt, die Pfarreien bieten kaum noch Heimat, weil sie größtenteils nicht zum Aufbruch bereit oder fähig sind. Wir trauern schon viel zu lange einer bestimmten Sozialform von Kirche hinterher, wir müssen das Christentum endlich neu denken und leben, und zwar von Jesus her: Kirche als Jesusbewegung, Christen als Jesusjünger.

Im nächsten Kapitel »Erfahrung mit Gott« wird es daher existenziell. Es geht um meine eigene Beziehung zu Gott. Ich habe die Erfahrung gemacht: Wer bei seiner eigenen Gottesbeziehung anknüpft, wird vom Apparat weniger frustriert werden können. Durch innere Freiheit bleiben wir näher dran als durch die Abhängigkeit vom System. Wir werden leidensfähig und leidenschaftlich wie Hiob und Jesus. Das Beste kommt noch – die Ewigkeit. Daran halte ich fest, denn sonst hätte alles keinen Sinn.

Das wird im Kapitel »Treue geht vor Qualität« vertieft. Ich beschreibe, wie ich es konkret anstelle, trotz aller Zweifel und auch Misserfolge Jesus die Treue zu halten. Ich bin eben ein katholischer Sturkopf von Kindheit an. Wenn der Papst vom Glauben abfällt, bleibe ich katholisch. Was für jede menschliche Beziehung gilt, das gilt eben auch für den Glauben: Treue geht vor Qualität. Manchmal muss man einfach durchhalten, bis die der Form innewohnende Erfahrung zurückkehrt. Wir beten immer von außen nach innen. Herz und Hand, Spiritualität und Solidarität müssen auch persönlich nahe beieinanderbleiben, man kann die Caritas nicht komplett an einen Verein delegieren, denn der »Jesus zwischen uns« ist wichtiger als der »Jesus in uns«. Steht jedoch allein der Systemerhalt obenan, kann es passieren, dass auch eine Kirche gottlos wird.

Wie aber können Christen ihren Glauben und ihre Kirche selbst gestalten? Das geht nur, wenn man sich mit Gleichgesinnten zusammentut. Im Kapitel »Sich unabhängig machen« geht es um die existenzielle Seite des Ungehorsams, um eine Selbstermächtigung nicht aus Übermut und Kritiksucht, sondern aufgrund der eigenen und gemeinsamen Berufung und Sendung. Daraus erwächst eine

Selbstwirksamkeit, die nichts mit Narzissmus und Selbstdarstellung zu tun hat, sondern die eigenen Charismen sieht und in den Dienst Gottes stellt. »Selig die Ungehorsamen« galt schon immer: Reformbedarf wird oft von denen erkannt, die außerhalb des Systems sind, unabhängig und begeistert; sie bilden den archimedischen Punkt, von dem aus man auch die Kirchenwelt verändern kann.

Was sind die Haltungen, die mich dabei prägen? Darum geht es im Kapitel »Halt und Haltung«, mit dem ich wieder zu einer persönlichen Ebene zurückkehre. Es geht eben nicht nur darum, was »wir« oder »die Kirche« ändern müssen, sondern was ich konkret tue, woran ich mich halte: Gelassenheit und Humor, geglückte Halbheit und Demut (als Mut zum Dienen, nicht als Demütigung), Liebe, Zuversicht, Ordnung und Einfachheit. Dadurch entsteht Resilienz, die Fähigkeit, in Krisen standzuhalten und daran zu wachsen.

Das nächste Kapitel »Mut zur kreativen Ketzerei« geht einige theologische Probleme an, mit denen sich Christen – und die Kirche – meines Erachtens selbst ein Bein stellen, über die sie immer wieder stolpern. Auch die Theologie ist mitunter festgefahren, sie hat Angst vor bestimmten Themen und traut dem Glaubenssinn des Volkes Gottes doch nicht so recht über den Weg. Ja, schlimmer noch: Die akademische Theologie gibt derzeit für die Pastoral nicht viel her, selbst die Pastoraltheologie erschöpft sich in soziologischen Beobachtungen. Hier plädiere ich dafür, die Angst zu überwinden und darauf zu schauen, was die Menschen wirklich vernünftigerweise (noch und wieder) glauben können. Ich plädiere dafür, manches bisher als Häresie Geltendes wieder aufzugreifen, um theologisch weiterzukommen: Allversöhnung (nimmt einem endgültig die Angst), Panentheismus (versöhnt die Theologie mit den Naturwissenschaften), ein nüchterner Umgang mit Traditionen (nimmt dem Papst die Unfehlbarkeit), die Erneuerung des

Kirchenrechts (befreit vom Zentralismus), das Erstnehmen exegetischer und theologischer Erkenntnisse (macht die Kirche dialogfähig), die Bergpredigt als Maßstab gerechten Handelns (macht Christen erst glaubwürdig), sowie eine Liturgie der Freiheit (befreit von der Magie zur Mystik).

Warum trete ich nicht einfach aus oder wechsele die Konfession? Manche reaktionären Hardliner haben mir dies bereits nahegelegt. Darum geht es im Kapitel »Glaube ohne Kirche?« Kirche ist eine Heimat, die man nicht emotionslos aufgibt, ähnlich dem Elternhaus, sie ist der Wurzelgrund des Glaubens. Als Katholik lebe ich im österlichen Trotzdem, der Glaube an Jesus hat etwas Trotziges, das ich nicht so einfach aufgebe. Ich ziehe mich nicht kampflos zurück, gehe nicht in die innere Emigration.

Das letzte Kapitel stellt einige Herausforderungen dar, zugleich Arbeitsthemen, denen sich die Gemeinschaft aller Christen stellen muss. Immer wieder ist es das Friedens- und Gerechtigkeitsthema, denn damit kann die Kirche dem globalen und gesellschaftlichen Zusammenhalt einen echten Dienst erweisen. In »Universale Nächstenliebe statt Anbetung der Gene« stelle ich einige gesellschaftliche Beobachtungen zur Debatte, die so noch nicht formuliert worden sind, es wird also politisch. Daraus ergeben sich Aufgaben für eine Weltgestaltung aus dem Glauben, die den Kirchenhorizont sprengen und den Blick für die Verantwortung aller Menschen guten Willens weiten. Die Kirche wird sich wie von selbst mitverändern, wenn Christen in Jesu Namen die Welt verändern.

Ein Buch über die Art und Weise, wie ich dranbleibe an Jesus und wie mir das hilft, an der Kirche nicht zu verzweifeln.

Stefan Jürgens

Um eine bessere Lesbarkeit zu ermöglichen, verzichte ich zumeist auf die Nennung beider Geschlechter sowie auf das Gender*sternchen. Gemeint sind aber immer alle (w/m/d). Wenn ich dennoch einmal beide Geschlechter nenne, tue ich es um der angedachten Kirchenreform willen: Christinnen und Christen, Diakoninnen und Diakone, Priesterinnen und Priester, Bischöfinnen und Bischöfe, die gemeinsam an Jesus dranbleiben.

Erfahrungen mit der Kirchenreform

Noch einmal: Ausgeheuchelt

Im Herbst 2019 hatte ich mich schon einmal in Buchform zu Wort gemeldet. »Ausgeheuchelt! So geht es aufwärts mit der Kirche« stand zeitlich am Beginn des Synodalen Weges und unmittelbar vor der Amazonas-Synode. Zwei Kapitel widmeten sich meinem eigenen Werdegang und meiner Motivation, Christ und Priester zu sein und von daher die Kirche reformieren zu helfen. Die weiteren Kapitel behandelten den konkreten Reformbedarf, angefangen mit den pastoralen Dauerbrennern bis hin zu den heißen Eisen, den Reizthemen von der Frauenweihe bis zum Pflichtzölibat. Das Buch endete mit einer Katechese zum Glaubensbekenntnis, die ich nicht ohne Ironie »anstelle einer Rechtgläubigkeitserklärung« verstanden wissen wollte.

Gute Freunde hatten mir zugeredet, das Buch nicht zu veröffentlichen, da ich sicherlich mit Konsequenzen zu rechnen hätte. Insbesondere der Titel sei doch sehr reißerisch und könnte missverstanden werden. Ich habe es trotzdem gewagt. Womit weder ich noch der Verlag gerechnet hatten: Das Buch war nach wenigen Tagen ausverkauft, es musste schnell nachgedruckt werden und stand drei Wochen lang in der Spiegel-Bestsellerliste. Offenbar hatte ich den richtigen Ton getroffen, nicht mit persönlichen Erfahrungen gespart und das geschrieben, was viele denken. Dass ein Priester, der doch Teil des Systems und damit abhängig ist, zu schreiben wagt, was viele denken, war für manche wie ein Befreiungsschlag. Tatsächlich kam von der Kirchenbasis her ausschließlich Zustimmung, es gab eine lange Reihe von Lesungen, fast alle in großen Sälen oder Kirchen. Ohne den zwischenzeitlich mehrfachen Corona-Lockdown wären es noch weitaus mehr gewesen.

Der reißerische Titel hatte tatsächlich zunächst einige engagierte Getaufte und kirchliche Insider davon abgehalten, das Buch zu lesen. Im Nachhinein jedoch sagten mir viele Leserinnen und Leser, es sei »ja doch ein frommes Buch«, denn bei aller Kritik käme »ein sehr loyaler Christ und Priester« zum Vorschein, der sich die Sache Jesu zu eigen gemacht habe. Wenn ich im Folgenden aus einigen Rückmeldungen zitiere, dann nur deshalb, um den krassen Unterschied zwischen Basis und Leitung, zwischen Laien und Klerikern bei der Wahrnehmung und Einordnung eines kirchenkritischen Buches zu verdeutlichen.

Eine Theologieprofessorin schrieb: »Vielen herzlichen Dank! Für Ihre klare, unprätentiöse Sprache und Argumentation, Ihr Engagement und Ihre beherzte Themenwahl. Sie sprechen mir in vielem aus der Seele und ich bin froh, dass es da und dort den einen und die andere gibt, die sich nicht mehr kopfschüttelnd in die innere Emigration oder ganz aus diesem Laden herausbewegen, sondern Klartext reden – voller Freimut. Danke. Ich will das meine dazu tun, in diesem gemeinsamen Sinne weiterzuarbeiten in der Hoffnung, dass genügend Hoffnung bleibt, um solches Engagement für lohnend und zukunftsweisend zu erleben.« Eine Ordensfrau, benediktinisch geprägt und auf

Maria 2.0-Kurs: »Einfach spannend, ehrlich, schonungslos und zugleich befreiend und aufbauend. Das Buch ist ein Meilenstein. Gerade, weil es so persönlich ist und ins Wort bringt, was vermutlich viele schon lange geahnt haben. Ein Geistesblitz!« Ein Rundfunkbeauftragter schreibt über das Buch, es sei »praktisch, persönlich, poetisch, konkret, theologisch, knallhart kritisch und dann wieder erquickend fromm.« Ein kritischer Christ, der längst aus der Kirche ausgetreten war, schrieb mir: »Bis vor nicht allzu langer Zeit hätte ich es nicht für möglich gehalten, dass ich mal ein Buch dieser Art lesen werde. Hätte ich es nicht gelesen, so wäre mir jedoch ein sehr kluges, fortschrittliches, teilweise anklagendes, aber auch inspirierendes Werk vorenthalten geblieben. Von der Kirche als Institution fühle ich mich in gewisser Hinsicht abgehängt. Das bedeutet aber nicht, dass ich nicht gläubig bin bzw. mich nicht an bestimmten Grundsätzen der christlichen Lehre orientiere.« Einer meiner ehemaligen Lehrer sagte: »Du sprichst mir aus der Seele. So wie Du sehe ich es auch. Jetzt erst recht. Auch ich würde deswegen nie aus der Kirche austreten. Schade, dass nicht noch mehr Priester ihre Meinung sagen oder aufschreiben.«

Eine Pastoralreferentin: »Ich habe nun zum zweiten Mal ihr Buch ›Ausgeheuchelt‹ mit wachsender Begeisterung gelesen. Es ist einfach zu köstlich! Sie beschreiben genau das, was ich so oft während meines Theologiestudiums und meiner Zeit als Pastoralreferentin erlebt habe, aber noch nicht in Worte fassen konnte. Ich hoffe, dass es zunehmend mehr geweihte Männer in der katholischen Kirche geben wird, die sich einen derart unverstellten Blick auf die eigenen misslichen Strukturen bewahren konnten. Sie haben mir viel Mut gemacht, meinen Glauben an Jesus Christus trotz allem weiterzuleben und für diese Kirche weiterzuarbeiten. Vielen Dank dafür!« Ein Kapuzinerpater meldet sich zu Wort: »Ein frecher Junge schreibt da ein Buch – Ausgeheuchelt – frech, intelligent, mutig hängt er sich aus dem Fenster, er kennt sich aus, nimmt kein Blatt vor den Mund. Der beste ›Krimi‹, den ich in den letzten Jahren gelesen habe. Das ist ein Klasse-Buch in seiner Offenheit, die viele ärgern wird (gut so). Wir sind heute auf solche Anstöße angewiesen, auch wenn sie vielen aufstoßen.« Ein Ständiger Diakon äußert sich: »Ich darf Ihnen versichern, dass meine Erfahrungen in meiner Diözese absolut zu Ihren Erfahrungen passen. Vielen Dank für Ihren Mut zur Veröffentlichung des Buchs! Gehen Sie weiter auf Ihrem guten Weg und halten Sie die Ohren steif!« Und schließlich ein kritischer Katholik aus den neuen Bundesländern, der seine Kirche mit stoischem Gleichmut erträgt: »So, jetzt habe ich Ihr ›Ausgeheuchelt‹ gelesen, und es hat mir nicht nur gefallen, sondern imponiert. Ich habe viel Kirchenkritisches gelesen, aber kaum etwas so ›Grenz-Häretisches‹ von einem, der sich dezidiert seine Kirchenzugehörigkeit nicht absprechen lassen will. Was Sie fordern, ist mit der gegenwärtigen Kirche nicht zu machen, auch nicht mit dem gegenwärtigen Papst, das wird Ihnen klar sein. Es ist aber ein gewaltiger Gewinn, dass es gesagt wurde und dass es jetzt ein Pfahl im Fleische ist, auch dass es die ›Amtskirche‹ hinnimmt, offenbar zähneknirschend. Bleiben Sie bei der Stange, möchte ich Sie bitten.«

Von Kolleginnen und Kollegen jedoch – Bischöfe, Priester, Diakone, Pastoralreferentinnen und Pastoralreferenten meiner Heimatdiözese – waren die Rückmeldungen spärlich. Dabei hatten viele das Buch gelesen, einige mich zu Lesungen in ihre Gemeinde eingeladen, aber ein persönliches Wort blieb aus. Ob die von der Kirchenbürokratie Abhängigen dermaßen verängstigt sind? Es wäre doch jetzt an der Zeit, seine Meinung ehrlich zu sagen, zumal niemand mehr mit Repressalien von Seiten der Kirchenleitung zu rechnen hat. Oder haben sie vielleicht schon innerlich gekündigt, so dass sie an überhaupt keinem Thema mehr interessiert sind? In Diskussionen rund um das Thema Kirchenreform ist mir viel Resignation begegnet. Die meisten Haupt- und Ehrenamtlichen haben die Hoffnung aufgegeben, und die Schlagzeilen angesichts weiterer Kirchenskandale scheinen ihnen recht zu geben. Die Reformer werden schlichtweg überhört, nicht wahrgenommen. Und die meisten Mitraträger genügen sich offenbar selbst.

Die Leitungsebene wiederum schwieg sich völlig aus. Niemand sprach mich auf das Buch an, obwohl in Unterhaltungen häufig durchschien, dass es viele gelesen haben mussten. Ignoranz ist ein scharfes Schwert. Die Kirche ist und bleibt eine absolutistische Monarchie, deren Oberhirten zu einem Teil immer noch wie Ludwig XIV. regieren: »L'Eglise c'est moi«, und deren Behörden nach dem DDR-Modell funktionieren, denn die Apparatschiks müssen bei Reformen befürchten, dass der Bürostuhl wackelt, auf dem sie sitzen, und manches einfach aussitzen. Immerhin gab man mir den Tipp, mich nicht allzu oft zu Wort zu melden, denn die Klerikerkirche sei »Festung«, und wer darin als »Nervzwerg« aufträte, stünde unter Beobachtung und würde »zunächst ignoriert und dann abgeschossen«.

Ein ehemaliger Mitschüler schrieb mir: »Jene, die Probleme klar aussprechen, bekommen zwar von außen oft Applaus, werden aber im Innenverhältnis nicht sonderlich wertgeschätzt. Sie gelten als Nestbeschmutzer, wenn nicht gar als Verräter. Der Umgang mit Kritik scheint mir die Achillesferse einer jeden Institution zu sein. Aber ohne Kritik kein Fortschritt, und im Kern ist der beleidigte Umgang mit Kritik verletzte Eitelkeit.« Das entspricht meiner Erfahrung: Fortschritt kommt nur durch eine differenzierte Außensicht, sozusagen mit dem archimedischen Punkt.

Die Systemimmanenten gehen ja doch irgendwann nach getanem Nichtstun in den Ruhestand.

Eine besonders lustige Reaktion auf das Buch bekam ich im Zusammenhang mit Ansprachen im Hörfunk. Ich hatte kurzfristig eine Woche Morgenandachten übernommen, weil der Kollege, der zuerst auf dem Dienstplan stand, angesichts des ersten Corona-Lockdowns abgesagt hatte. Ich erstellte die Texte und reichte sie beim Rundfunkreferat ein. Es ging alles glatt durch, mit Ausnahme einer Passage, in der ich meinen Bischof kritisierte, dass er seine Priester aufgefordert hatte, die heilige Messe ganz allein zu zelebrieren. Ich empfand dies als unsolidarisch und klerikal. Diese Passage musste am Tag vor der Aufnahme gestrichen werden, angeblich aus Zeitgründen, der Text wäre sonst zu lang. Erst nach dem Termin im Aufnahmestudio gab der freundliche Kollege zu, er hätte »Befehl von oben« erhalten, mich nur dann im Hörfunk sprechen zu lassen, wenn es dabei keine Kirchenkritik gäbe. Und dabei wird das Evangelium erst lebendig durch die Freiheit des Wortes. Ein System jedoch, das man durch Angst zusammenzuhalten versucht, kann keinen Bestand haben.

Götterdämmerung in Köln

Autoritäre Systeme können in unserer modernen westlich geprägten Welt keinen Bestand haben. Die Entwicklungen der letzten Jahre und vor allem Monate zeigen: Das klerikale System hat endgültig ausgedient. Es gibt innerhalb des jetzigen Systems auch fähige Leitungspersönlichkeiten, die glaubwürdig sind und einen guten Job machen. Angepasste, charakterlich und fachlich unfähige sowie autoritäre Leitungspersönlichkeiten jedoch haben ein System aus Macht und Angst um sich aufgebaut, sie werden von der Gesellschaft, den Medien und neuerdings auch von vormals treuen Katholiken nicht mehr ernst genommen, wenn nicht sogar ausgelacht. Solche Leitungspersönlichkeiten haben Beraterinnen und Berater sowie ein ganzes Heer von Mitarbeiterinnen und Mitarbeitern. Sind diese etwa alle unfähig? Das kann nicht sein. Also liegt es nicht nur an einzelnen Klerikern, an aus der Zeit gefallenen Monarchen, sondern am System. Und genau dieses System ist jetzt am Ende.

Keinen Bestand kann beispielsweise ein autoritäres System wie im Erzbistum Köln haben. Die Erzdiözese hatte bei einer Münchener Anwaltskanzlei ein Gutachten über sexuelle Gewalt und deren Aufklärung in Auftrag gegeben. Als das Gutachten der Bistumsleitung missfiel – offiziell aus methodischen Gründen, das Gutachten sei »nicht rechtssicher« – wurde es nicht veröffentlicht. Der Beirat der von Missbrauch Betroffenen wurde zwar schnell mit einbezogen, aber nur, um dessen Zustimmung zum Prozedere zu erhalten und ihn vor den klerikalen Karren zu spannen, ihn also zu instrumentalisieren. Wie andere Beiratsmitglieder fühlt sich Karl Haucke, Sprecher des Beirats für Betroffene im Erzbistum Köln, vom Erzbistum bei der Entscheidung, die fertige Untersuchung einer Münchner Rechtsanwaltskanzlei nicht zu veröffentlichen, instrumentalisiert: »Ich schlafe kaum noch, ich hab' wieder Albträume, ich musste meine Medikation ändern.« »Ich kann diesen Rücktritt nicht vermeiden in dem Augenblick, wo ich fühle, dass ich beschädigt werde«, so Haucke gegenüber MONITOR. Rücktritte innerhalb des Betoffenenbeirats sowie dessen kompletter Rückzug folgten. Man gab ein zweites Gutachten in Auftrag. Ein riesiger Pressewirbel um Schuld und Transparenz brach aus, bei dem es um Kardinal Rainer Maria Woelki herum immer enger wurde, man legte ihm öffentlich den Rücktritt nahe.

Ein weiteres Trauerspiel ereignete sich in der Kölner Studierenden-gemeinde. Diese hatte ein Papier verfasst, das innerkirchlich mehr Transparenz und Partizipation sowie ein Überdenken der Sexual-moral im Hinblick auf das eigene Gewissen forderte. Die Home-page, auf der das Papier veröffentlicht war, wurde vom Erzbistum Köln kurzerhand abgeschaltet, offiziell, weil eine »beauftragte Ver-änderung auf der Homepage nicht vorgenommen werden konnte«. Ein solches Verhalten erinnerte an diktatorische Führungsstile wie in der ehemaligen DDR und an autoritäre Staaten wie die Türkei oder Belarus. Das Positionspapier verbreitete sich auch ohne die Homepage, was für Woelki ein glattes Eigentor und ein weite-res Eingeständnis seiner Weltfremdheit bedeutete. Wer kann sich heute noch erlauben, so direktiv in die Meinungsbildung einzu-greifen? In liberalen Demokratien eigentlich niemand.

Zwischenzeitlich kam eine weitere Vertuschung ans Licht. Woelki hatte den Missbrauch durch einen Priester nicht wie vorgeschrieben nach Rom gemeldet, angeblich, weil der Täter schon sehr alt und nicht mehr vernehmungsfähig gewesen sei. Schnell kamen Vermutungen auf: Geschah dies etwa auch, weil sich Woelki dem Täter kollegial und freundschaftlich verbunden fühlte? Immerhin war dieser einmal sein väterlicher Kollege und Ausbildungspfarrer gewesen, ein Weggefährte also.

Zu Weihnachten 2020 bat der Erzbischof von Köln um Ver-gebung, aber nicht für seinen unprofessionellen Umgang mit dem Gutachten oder die nachgewiesene Vertuschung, sondern nur für die Unruhe, die seiner Meinung nach in den Seelen seiner an-geblichen Schäfchen entstanden war. Anstatt die eigene Schuld einzugestehen, wurden die Medien angegriffen, ihnen wurde die Verantwortung für Ärgernis und Empörung in die Schuhe ge-schoben. Als wenn die Christen einer Diözese nichts anderes im

Sinn hätten, als ihrem Bischof blind zu gehorchen, keinen weiteren Ärger zu machen oder wenigstens mit dem armen Kerl solidarisch zu sein und Mitleid zu haben. Ruhe ist die erste Christenpflicht? Woelki bat wörtlich dafür um Entschuldigung, »was die von sexueller Gewalt Betroffenen und Sie in den letzten Tagen und Wochen vor Weihnachten im Zusammenhang mit dem Umgang des Gutachtens zur Aufarbeitung von sexualisierter Gewalt in unserem Erzbistum, was sie an der Kritik darüber und insbesondere auch an der Kritik an meiner Person ertragen mussten.« Schlimmer geht's nimmer.

Acht Journalisten waren zu einem Hintergrundgespräch über das erste Missbrauchsgutachten, das im Giftschrank verschwunden war, eingeladen, sollten jedoch vom Erzbistum Köln juristisch verpflichtet werden, über das Gesagte zu schweigen, was sie zu Recht und um ihrer Wahrhaftigkeit und Berufsehre wegen einmütig verweigerten, es erinnerte nur allzu sehr an Stasimethoden. Ein Kollege von der WELT war unter den acht Journalisten und berichtete danach, dass die vorgelegte Verschwiegenheitserklärung von einer Anwaltskanzlei erarbeitet worden sei, die bereits den türkischen Präsidenten Erdoğan und die AfD beraten und juristisch vertreten habe und auf ihrer Homepage damit werbe, »mit Zuckerbrot und Peitsche« dafür zu sorgen, dass unliebsame Informationen die Medien erst gar nicht erreichten. Es ist bemerkenswert, dass das Erzbistum Köln sich überhaupt von einer solchen Kanzlei beraten lässt, und mit was für Leuten man sich hier gemein macht.

Ein Pfarrer aus Dormagen legte aus Sorge um die Glaubwürdigkeit der Kirche seinem Erzbischof öffentlich den Rücktritt nahe, woraufhin der Personalchef ihm prompt mit dienstrechtlichen Konsequenzen drohte. In kirchlichen Kollegenkreisen herrscht die Devise: »Gehe nur zum Fürsten, wenn du gerufen wirst.« Die katholische Kirche ist eine Monarchie, und in einer Monarchie ist jede Kritik sofort Majestätsbeleidigung. Wenn Angst und Macht eine Koalition eingehen, dann gnade uns Gott! Nur zehn Tage später wurde der Pfarrer rehabilitiert, nachdem viele Medien über den Fall berichtet und damit öffentlichen Druck aufgebaut hatten. Eine Solidaritätsaktion der Priesterräte der benachbarten Diözesen verlief im Sande; E-Mails, die ich in dieser Sache an Kollegen geschrieben hatte, blieben schlichtweg unbeantwortet. Meines Erachtens zeigte sich hier erneut eine Mischung aus Loyalität und Korpsgeist, Karrierismus und Angst. Wenn es hart auf hart kommt, werden aus gestandenen Pfarrern wieder fromme Kirchensöhne. Wenig später zeigten Tausende von Christinnen und Christen ihren Unmut über Woelki, darunter endlich auch viele Pfarrer. Der Diözesanrat kündigte die Zusammenarbeit mit dem Kardinal auf. So etwas gab es noch niemals zuvor.

Woelki gab zu, »Fehler gemacht«, aber sein »Gewissen geprüft« zu haben. Er vertraute seine Sache dem Vatikan an. Laut geltendem Kirchenrecht hatte der dienstälteste Bischof der Kölner Kirchen-provinz über die Nuntiatur bereits das vorgeschriebene Verfahren beim Vatikan beantragt, wofür er kräftig gelobt wurde. Seltsam, dass es in Kirchenkreisen schon lobenswert ist, wenn jemand seine Pflicht tut und gegen einen ranghohen Kleriker und Kollegen überhaupt etwas unternimmt. Der Vatikan jedoch ließ die drei-ßigtägige Frist verstreichen und tat zunächst einfach nichts. Nur im Absolutismus und in Diktaturen steht der Gesetzgeber über dem Gesetz, er muss sich selbst nicht daran halten. Man denkt an die sprichwörtlichen Krähen, die einander kein Auge aus-hacken, und an die klerikalen Seilschaften, die miteinander etwas aushecken. Sie machen alles unter sich aus. Woelki selbst sprach von einem »System aus Schweigen, Geheimhaltung, mangelnder Kontrolle und unklarer Verantwortung.« Der Vatikan wiederum konnte keine Pflichtverletzung feststellen – wenig überraschend. Im Gegenteil, alles andere wäre in diesem System überraschend gewesen.

Kollegen wie der Hamburger Erzbischof Stefan Heße sprachen ebenfalls niemals von persönlicher Schuld, sondern immer nur von Mitverantwortung und Fehlern, der ehemalige Aachener Bischof Heinrich Mussinghoff gab Überforderung zu. Also Schwamm drüber, weil man es halt nicht besser gewusst hat oder nicht besser konnte? Nach außen wird ein Desaster als Malheurchen präsentiert. Hauptsache, die Monarchen bleiben auf ihrem Thrönchen sitzen – oder nehmen eine Auszeit.

Das Erzbistum Köln hat für die beiden Gutachten sowie die PR-Beratung rund um diese Angelegenheit weitaus mehr Geld ausgegeben als für die Zahlungen an Opfer sexuellen Missbrauchs (»Anerkennung des Leids«). Hierarchie kostet Geld, viel Geld. Wenn ein Kardinal seinen Kopf aus der Schlinge ziehen will, rollt der Rubel schnell und reichlich, aus welchen Kassen auch immer. Woelki und manche seiner Kollegen haben offenbar kein Schuldbewusstsein, und das hat seinen Grund: Sie waren von Anfang an in einem System, das auf Anpassung angelegt ist. Sie sind nicht böse, sondern das System ist krank, und diejenigen, die sich darin bewegen, sind infiziert. Viele in diesem System glauben mit fester Naivität daran, von Gott erwählt zu sein und deshalb gar nicht abdanken zu können.

Woelki hatte also sein Gewissen befragt und war zu dem Schluss gekommen, richtig gehandelt zu haben. »Prima«, habe ich gedacht, »ein Kirchenmonarch kann also per Gewissensentscheid bestimmen, was Recht ist und was nicht. Seine Intuition, sein Empfinden steht über allem, man muss nur irgendetwas behaupten, wie praktisch!« Am 23. Februar 2021 kommentierten die Tages-themen, die katholische Kirche sei »eine gnadenlose Kirche, die ihre Gläubigen um Gnade bittet«. Das war ein Volltreffer: Gerade im Erzbistum Köln, in dem gnadenlos in den Betten und Herzen angehender junger Theologinnen und Theologen geschnüffelt wird, Chefärzte und Erzieherinnen gekündigt werden, wirbt ein Kardinal um Gnade und Verständnis, ohne auch nur im Ansatz irgendein Fehlverhalten konkret zuzugeben. Diese Form der Kir-che ist zum Sterben verdammt.

Ich kenne einen Kollegen, der zwanzig Jahre lang in der Priester-ausbildung tätig war. Als Bischof sagte er später, er habe »zwanzig Jahre lang Priester erzogen«. Die Wortwahl ist treffend. Es kommt gar nicht darauf an, erwachsene und reife Seelsorger auszubilden, sondern Priester zu »erziehen«, sie in eine bestimmte Frömmig-keit zu zwingen und bestimmten Autoritäten unterzuordnen. Das System ist auf Unreife angelegt, die Leitungspersönlichkeiten sind wie Kinder, die zeitlebens am Nabel von Mutter Kirche hängen und ehrfürchtig zu Vater Bischof bzw. Papa Papst aufschauen.

Kurz vor der Veröffentlichung des zweiten Gutachtens wechselte der Interventionsbeauftragte des Erzbistums Köln, Oliver Vogt, seine Arbeitsstelle und trat daraufhin aus der Kirche aus. Er und die langjährige Opferbeauftragte Christa Pesch konnten die Un-wahrhaftigkeit und den klerikalen, auf die Institution bezogenen Umgang mit der Wahrheit nicht mehr ertragen. Sie waren für das zweite Gutachten trotz ihrer genauen Faktenkenntnis erst gar nicht befragt worden, man schaute stattdessen nur in die schlecht geführten Akten. Einer der für das erste Gutachten verantwort-lichen Rechtsanwälte bemerkte, die Kirche kümmere sich nur dann um die Opfer, wenn die Presse hinschaue, in Wirklichkeit stehe stets der Schutz der Institution im Vordergrund.

Das ersehnte zweite, nun offenbar rechtssichere Kölner Gutachten erschien am 18. März 2021. Die darin genannten Zahlen von Opfern und Tätern waren höher als erwartet, die Namen derer, die verschiedenste Pflichtverstöße begangen hatten, wurden schonungslos aufgeführt. Die Kanzlei zählte dezidiert die Anzahl der Verstöße gegen die Aufklärungspflicht, gegen die Verhinderungspflicht oder gegen die Opferfürsorge und sprach gar von einer »systembedingten Vertuschung«. Einige der Personen aus dem Gutachten wurden prompt außer Dienst gestellt, andere, mittlerweile im bischöflichen Amt, boten dem Vatikan umgehend ihren Rücktritt an, darunter der Hamburger Erzbischof Heße, ehemals Personalchef und dann Generalvikar, sowie zwei Kölner Weihbischöfe. Womit niemand gerechnet hatte: Woelki selbst wurde vollständig entlastet. Schwer belastet hingegen wurden seine beiden Vorgänger Joseph Höffner und Joachim Meisner; letzterer hatte besonders viele Pflichtverstöße auf dem Kerbholz und die Vorfälle in einer »Gift-Akte« mit dem Titel »Brüder im Nebel« gesammelt. Was für ein bitterer Euphemismus, der entlarvt, dass es schon immer um den Schutz des Klerus und der Institution gegangen war, und nicht um die Sorge für die Opfer. Bei der Pressekonferenz zur Vorstellung des Gutachtens wurde angemerkt, dass man Täter unter den Laien stets sofort angezeigt, bei Klerikern jedoch damit gezögert habe.

Das zweite Gutachten war eine reine Rechtskontrollprüfung auf Basis der Akten, es ging um Fälle und Zahlen, als wenn man persönliche Schuld an der Anzahl von Rechtsbrüchen festmachen könnte und nur derjenige um sein Amt fürchten muss, der genug Missetaten auf dem Kerbholz hat. Das Gutachten ging nur am Rande auf die Opfer und Betroffenen ein und verzichtete gänzlich auf moralische Bewertungen. Man mag einwenden, dass Juristen für das Recht und nicht für die Moral zuständig sind, doch: Viele der Vertuscher – nicht nur in Köln – kannten die Moral, hatten sie aber um der Institution willen vernachlässigt. Der *Betroffenenbeirat der Deutschen Bischofskonferenz* kommentierte voller Schmerz unter der Überschrift »Brüder im Nebel – Betroffene im Dunkeln«: »Wie für viele andere Betroffene auch, so waren die Ereignisse im Kontext der Veröffentlichung des Kölner Gutachtens für uns Mitglieder des Betroffenenbeirats bei der Deutschen Bischofskonferenz irritierend und schmerzhaft.« Und: »Im vorliegenden Gercke-Gutachten werden sicherlich die juristischen Pflichtverletzungen in ausreichendem Maße in den Blick genommen. Die systemischen Ursachen wie Sexualmoral, Zölibat, Klerikalismus, Männerbündigkeit oder fehlende Partizipation von Frauen sind aber weitestgehend ausgeblendet oder werden gar nicht betrachtet. Dies steht ganz im Gegensatz zur Herangehensweise der *MHG-Studie* und anderer Gutachten. Kardinal Woelki hat die systemischen Ursachen in seinem Pressestatement zur Veröffentlichung des Gutachtens nochmals infrage gestellt, indem er ein weiteres Mal den Zusammenhang zwischen Missbrauchs-Aufarbeitung und den kirchenpolitischen Fragen relativiert bzw. abgelehnt hat.«

Warum nun hat Woelki das erste Gutachten nicht veröffentlicht? Es war, anders als das zweite, nicht ausschließlich juristisch geblieben, sondern enthielt konkrete Reformvorschläge angesichts der systemischen Ursachen sexueller Gewalt, unter anderem in Bezug auf eine veränderte Sexualmoral, zur Priesterausbildung und zur Gleichstellung der Frau. Das jedoch ging dem konservativen Woelki zu weit. Er wollte die Vergangenheit juristisch aufgearbeitet haben, sein monarchisches und frauenfeindliches System jedoch im Kern aufrechterhalten, lediglich Veränderungen im Kirchenrecht anstoßen. Der Kirche jedoch muss das Heil der Seelen oberstes Gesetz sein (CIC can. 1752), nicht nur die korrekte juristische Aufarbeitung einer Vergangenheit, aus der man für die Zukunft nicht lernen will. Im Mai 2021 lud eine Düsseldorfer Pfarrei Kardinal Woelki als Firmspender aus, im selben Monat schickte Papst Franziskus zwei Visitatoren ins Erzbistum, die für Klarheit sorgen sollten. Beides fand ein starkes Medienecho, viele Beobachter ahnten, dass der Bischofsstuhl nun doch wackeln könnte.

Wieder taucht die Frage auf, auf welchen Wegen man in der katholischen Kirche überhaupt Leitungsverantwortung erhält. Nämlich nicht, indem man selbst denkt und womöglich das System in Frage stellt, sondern, indem man es stützt, sich ihm unterordnet und in allem anpasst. Es sollte nun so aussehen, als ob Woelki unschuldig sei und sogar schonungslos durchgegriffen hätte. Ganz sicher wird ihm der Vatikan recht geben und ihn innerkirchlich reinwaschen. Ich glaube ihm trotzdem nicht.

Vielmehr frage ich: Warum hat man so unsagbar viele Kirchenaustritte in Kauf genommen, wo doch sowieso alles ans Licht kommen würde? Andere Diözesen hatten die für sie bestimmten Gutachten der Münchener Anwaltskanzlei bereits veröffentlicht, sie hatten einen Aufklärungswillen und eine Transparenz gezeigt, die von der Öffentlichkeit belohnt worden waren. Aber offenbar hatte man im Erzbistum Köln besonders viel Angst und war besonders abhängig von mächtigen innerkirchlichen Kreisen. Wie viele Ängste um die eigene Erwählung und Unantastbarkeit müssen bei der Ablehnung des ersten Gutachtens eine Rolle gespielt haben? Als Antwort auf diese Fragen fällt mir nur eines ein: Führungsschwäche.

Um eine Diözese oder ein Kloster oder eine Pfarrei zu leiten, genügt es eben nicht, ein frommer Junge zu sein, der die Welt nicht (mehr) versteht. Das Grundproblem ist wieder der Klerikalismus: Dem Amtsträger wird von vornherein suggeriert, allein durch die Weihe zu allem imstande zu sein, die eigene Erwählung kompensiert dabei jeden Mangel an Kenntnis und Kompetenz, bis zur hoffnungslosen Selbstüberschätzung. Wir brauchen deshalb demokratisch gewählte und zeitlich begrenzte Ämter. Gottes Heiliger Geist kann hier dynamischer mitwirken als in der Erstarrung des jetzigen klerikalen Systems.

Es darf als ein Fortschritt an Transparenz und Synodalität bezeichnet werden, dass Leitungskräfte neuerdings um ihr Amt fürchten müssen, wenn das Vertrauen in sie zerstört ist. Sie haben ihre moralische Autorität verloren, man glaubt ihnen nicht mehr einfach nur aufgrund ihres Amtes. Dies könnte den Weg für zeitlich begrenzte Ämter und für eine echte Synodalität eröffnen, denn kein Christ möchte mehr dem Zufall ausgeliefert sein, ob die Bischofswahl in seinem Bistum einen fachlich und charakterlich geeigneten, klugen und innerlich freien Bischof hervorbringt oder nur einen von Rom durchgedrückten frömmelnden Kirchensohn mit autoritärem Gehabe. Die Orden machen es vor: Die Ämter von Oberinnen und Äbten sind zumeist zeitlich begrenzt, was der Autorität der Amtsinhaberin oder des Amtsinhabers keinen Abbruch tut, ihre oder seine Macht jedoch begrenzt. Und wer weiß, dass er irgendwann wieder ins zweite Glied rückt, der benimmt sich unter Umständen anders. Zur gebotenen Entsakralisierung des Weiheamtes gehört übrigens auch, dass ein Bischof zurücktreten muss, wenn er seinem Amt nicht gewachsen ist. Ansonsten haben wir bald zu viele Hirten, die nur sich selber weiden (Ezechiel 34,2) und denen die Herde davonläuft. Das klerikale System jedenfalls ist in Auflösung begriffen, dafür ist das hässliche Gesicht, das die Kirche Anfang 2021 in Köln gezeigt hat, symptomatisch. Auch der frömmste katholische Kirchensohn, die frömmste katholische Kirchentochter haben mittlerweile gemerkt, dass es so nicht weitergehen kann. Nicht nur die Zeit der Volkskirche ist zu Ende, worauf Bischöfe gerne hinweisen, oft anachronistisch im vollen Ornat auftretend. Auch das klerikale System ist zu Ende – und am Ende.

Doch wie geht es weiter? Die langfristige Perspektive heißt für mich palliative Pastoral. Die kurzfristige Perspektive hätte der *Synodale Weg* sein können, doch dieser war schon gescheitert, bevor er richtig begonnen hatte. An der palliativen Pastoral kann man arbeiten, auf den *Synodalen Weg* nur hoffen.

Die synodale Sackgasse

»Es soll etwas geschehen, aber es darf nichts passieren«: Das scheint das geheime Motto des *Synodalen Wegs* zu sein, die Floskeln sind die gleichen wie bei ähnlichen Prozessen: »Schön, dass wir darüber gesprochen haben, wir hatten eine geistliche Atmosphäre und konnten miteinander reden auf Augenhöhe« – oder so ähnlich. Sie dienen nur dazu, das Gesicht zu retten, wenn überhaupt. Und wenn ich sie höre, bin ich mir sicher: Auch dieser Weg wird wie bisher alle Diözesanforen und Dialogprozesse in einer römischen Sackgasse enden. Ich kann daher zu gut verstehen, dass sich die Frauen und Männer von *Maria 2.0* nicht zur Teilnahme am *Synodalen Weg* einladen ließen. Sie wären am Ende am Scheitern mitbeteiligt, und das würde ihrer Sache großen Schaden zufügen: mitgefangen, mitgehangen.

Der Anlass zum *Synodalen Weg* war die *MHG-Studie* zum sexuellen Missbrauch in der katholischen Kirche. Diese Studie hatte verheerende Zahlen genannt. Sie hatte gezeigt, dass katholische

Geistliche häufiger als andere Männer sexuelle Gewalt an Kindern ausüben, vor allem an Jungen. Damit hatte die Studie offenbart, dass beim sexuellen Missbrauch nicht nur persönliche Schuld, sondern systemische Ursachen eine Rolle spielen, allen voran die klerikalen Machtstrukturen. Was nicht ausdrücklich genannt wird, aber jedem Insider bekannt ist: Der Kindesmissbrauch gehört zu den Kollateralschäden der Frauenfeindlichkeit und des daraus resultierenden Pflichtzölibats, denn dieser führt individuell zu Verdrängung und strukturell zu Seilschaften und Vertuschung; er macht das klerikale System für unreife und beziehungsunfähige Männer geradezu attraktiv. Der Pflichtzölibat gehört deshalb zu den heiligen Kühen, die geschlachtet werden müssen, will das katholische Christsein überleben und wirksam bleiben.

Aufgrund der *MHG-Studie* hatte die Deutsche Bischofskonferenz auf ihrer Frühjahrsvollversammlung 2019 im emsländischen Lingen einen »verbindlichen synodalen Weg« beschlossen, nachdem die eingeladenen Referentinnen und Referenten nicht nur auf die Bischöfe eingeredet, sondern ihnen mächtig den Kopf gewaschen hatten. *Synodaler Weg* ist dabei eine Tautologie, also ein Weißer Schimmel, denn *hodos* ist griechisch und bedeutet bereits *Weg*, während in der Vorsilbe *syn* das Gemeinsame steckt. Ein *synodaler Weg* ist ein *gemeinsamer Wegweg*. Das allein soll noch nichts heißen, und tatsächlich hegte ich zu Beginn des *gemeinsamen Wegwegs* noch große Hoffnungen. Bischöfe sagten plötzlich ihre Meinung, betonten die Notwendigkeit einer grundlegenden Kirchenreform ohne Rücksicht auf ihre konservativen Kollegen (ich vermeide hier absichtlich das mittlerweile vielfach diskreditierte Wort »Mitbrüder«, das an die alten Seilschaften und den klerikalen Korpsgeist erinnert). Generalvikare forderten das Ende des frommen »Weiter so«. Ein erstes Gefecht im September 2019 mit Rom betraf die kirchenrechtliche Sicht auf die

Abstimmungsmodalitäten: Dürfen Laien gleichberechtigt mit abstimmen oder bleibt dies allein den Bischöfen vorbehalten? Kann ein *Synodaler Weg* überhaupt Entscheidungen treffen, oder ist alles wie bei einem Partikularkonzil dem Papst vorzulegen? An dieser Stelle hatte die Vollversammlung noch Rückgrat bewiesen und auf der gemeinsamen Abstimmung bestanden; der *Synodale Weg* sei ein *Prozess sui generis* außerhalb des Kirchenrechts und damit etwas ganz Neues und Unverwechselbares. Man wolle sehr bewusst Laien beteiligen, und zwar sowohl bei der Themenwahl als auch bei den Abstimmungen.

Papst Franziskus hatte bereits Ende Juni 2019 einen durchaus berührenden, aber auch etwas verschwurbelten Brief an die Synodalen geschrieben, um dem Ganzen eine evangelisierend-geistliche Note zu geben. Eine römische Instruktion zur Bedeutung der Pfarrei hingegen wies zunächst in achtzig Paragraphen scheinbar ganz modern auf deren missionarischen Auftrag hin und zementierte sodann den alten Klerikalismus, nämlich die Vorrangstellung des Pfarrers gegenüber den Beratungs- und Mitbestimmungsgremien der Laien und deren Teilhabe an der Gemeindeleitung. Auch hier widerstanden einige Bischöfe dem römischen System, das sich zuvor in die Strukturreformen einiger deutscher Diözesen eingemischt hatte, und zwar aufgrund der Eingaben eher konservativer Kreise, die um ihre Macht fürchteten. Besonders lustig war der Hinweis in der Instruktion, ein Priester, der in seiner Gemeinde keine Wohnung fände, solle wieder zu seinen Eltern ziehen. Scheinbar sind Muttersöhnchen in der Kirche besonders willkommen, da sie wenig eigenen Willen haben und auf der Stelle gehorchen.

Insbesondere Rainer-Maria Woelki wies immer wieder auf die Gefahr einer deutschen Nationalkirche hin, die durch einen ungezähmten Verlauf des *Synodalen Wegs* entstehen könnte. Die

Spaltung, die er befürchtete, gibt es jedoch schon seit langem, und zwar nicht die Spaltung zwischen einer Nationalkirche und Rom, sondern diejenige zwischen Leitung und Basis. Zuvor hatte er sich bereits darüber geärgert, dass Bischöfe und Laien alphabetisch und nicht hierarchisch in die Synodalversammlung einziehen und darin Platz nehmen sollten. Die alte Monarchie, das Gottesgnadentum lässt grüßen. Der Regensburger Bischof Rudolf Voderholzer machte in der Presse darauf aufmerksam, dass die Argumente, die aus der Frauenkommission kamen, noch recht oberflächlich seien, woraufhin deren Sprecherteam – Dorothea Sattler und Bischof Franz-Josef Bode – um des lieben Friedens willen artig um Entschuldigung bat. Auch später torpedierte Voderholzer den *Synodalen Weg* immer wieder medienwirksam als argumentativer Heckenschütze: So leugnete er während der digitalen Vollversammlung im Frühjahr 2021 den von der *MHG-Studie* festgestellten kausalen Zusammenhang zwischen den klerikalen Strukturen und der sexualisierten Gewalt.

Zuletzt machte der ergebnislose Ausgang der *Amazonas-Synode* die Hoffnungen in Deutschland auf eine Kirchenreform, ja, selbst auf ein kleines Reförmchen, vollends zunichte. Papst Franziskus bestätigte nur die Ergebnisse in Bezug auf die Ökologie und den Schutz der indigenen Bevölkerung am Amazonas. Die pastorale Notwendigkeit, Frauen zu Diakoninnen und bewährte verheiratete Männer zu Priestern zu weihen, wurde jedoch nicht gesehen. Stattdessen wieder fromm-verschwurbelte Worte um die Mütterlichkeit und Zärtlichkeit Mariens. Anders gesagt: Was die römisch-katholische Kirche nichts kostet, wo sie mit moralischen Appellen agieren und anderen ein schlechtes Gewissen einreden kann, da ist sie schnell zur Stelle. Sobald es ihr aber an ihre eigene Lehre und Struktur geht, vor allem an die klerikale, macht sie zu. Dann soll alles beim Alten bleiben, der Machterhalt steht wieder einmal im Vordergrund. Mit dem Schreiben *Querida Amazonia* vom 2. Februar 2020 waren zwei der vier Foren eigentlich schon päpstlich erledigt, bevor sie mit der Arbeit begonnen hatten, nämlich das Forum »Priesterliche Existenz« und »Frauen in Diensten und Ämtern der Kirche«. Der weitere Verlauf wird zeigen, ob irgendwann der Papst selbst wider Willen und reichlich paradox als Gründer oder Verursacher einer deutschen Nationalkirche in die Kirchengeschichte eingehen wird. Wer ehrlich ist, wird zugeben müssen, dass sich der Konflikt mit Rom und innerhalb der deutschen Bischofskonferenz bereits auf einer Eskalationsstufe befindet, die weder eine Versöhnung noch konkrete Ergebnisse zulässt.

Es mag sein, dass der *Synodale Weg* ein vorrangig geistliches Ereignis sein soll. Ohne konkrete Ergebnisse aber ist das nur frommes Gesöre mit Freude und Eierkuchen um des lieben Friedens willen. Ein Teilnehmer meinte, es sei doch gut ignatianisch, aufmerksam zuzuhören, die Meinung des anderen zu retten und die gesamte Entwicklung der Führung des Heiligen Geistes zu überlassen. Dabei besteht jedoch die Gefahr des kleinsten gemeinsamen Nenners: Man rettet solange die Meinung des anderen, bis man selbst keine mehr hat. Die Kirchenmodelle von Communio versus Hierarchie sind so verschieden, dass man nichts erreichen wird, wenn man nicht riskiert, dass auch einmal jemand demokratisch überstimmt wird. Will man bei jeder Frage alle im Boot haben, wird das Schiff niemals in See stechen.

Demokratisch geht es jedoch nicht zu, und deshalb wird das Schiff des *Synodalen Weges* mit Volldampf im Leerlauf sinken. Die Foren bringen jeweils eine Vorlage zur Beratung in die Synodalversammlung ein, die Vorlage kommt zur ersten Lesung. Findet sie eine Mehrheit, geht es weiter zur zweiten Lesung. Ohne Mehrheit jedoch ist das gesamte Thema vom Tisch. Nach der zweiten Lesung ist eine Zweidrittelmehrheit aller Synodalen und dann noch einmal eine Zweidrittelmehrheit der anwesenden Bischöfe nötig. Erst dann kann die Synodalversammlung einen Beschluss fassen. Betrifft der Beschluss eine weltkirchliche Angelegenheit, wird er nach Rom geschickt und steht dort höchstwahrscheinlich vor dem Aus. Dieses Prozedere sorgt dafür, dass der angeblich »verbindliche *Synodale Weg*« nur so ähnlich heißt wie eine Synode, aber keine ist. Geht es ins Konkrete, wird in der katholischen Kirche Synodalität nur gönnerhaft gewährt, es bleibt am Ende stets ein Placebo oder Sedativum. Die *Würzburger Synode*, die 2021 ihr fünfzigjähriges Jubiläum feiert, konnte vorbildlich theologisch diskutieren und wichtige pastorale Wegmarken setzen, wurde jedoch bei konkreten Beschlüssen ebenfalls von Rom ausgebremst. So wurde beispielsweise die Forderung nach einem Diakonat für Frauen schlichtweg ignoriert, der entsprechende Brief ist bis heute nicht beantwortet worden.

Die vier synodalen Foren behandeln die derzeitigen Probleme der Kirche. Sie heißen *Macht, Partizipation und Gewaltenteilung*, *Sexualmoral*, *Priesterliche Existenz* und *Frauen in Diensten und Ämtern der Kirche*. Dazu ist schon viel gesagt und geschrieben worden. Es ist erwiesen, dass klerikale Machtstrukturen den Missbrauch begünstigt haben. Klerikalismus ist die Ursünde der katholischen Kirche, weil das Amt auf diese Weise magisch überhöht wird, während die Laien infantilisiert werden. Macht kann man haben, eine Autorität muss man sein. Der Kirchenapparat bringt unreife Menschen in hohe Ämter, die eher durch Anpassung als durch Wahrhaftigkeit und Kreativität in eine Position geraten sind, in der sie jetzt Macht haben. Sie sind oft Autoritäre, nicht Autoritäten. Papst Franziskus fordert zurecht, dass die Hirten nach Schaf riechen sollen. Viele Oberhirten jedoch riechen, wie mir scheint, nur nach dem Stall, sie kennen nur den Stallgeruch der Institution, in der sie Karriere gemacht haben, über die ungehorsamen Schafe jedoch rümpfen sie die Nase. Es wäre viel gewonnen, wenn die absolute Macht der Bischöfe durch Gewaltenteilung wie im staatlichen Recht begrenzt würde. Durch die Teilung von Rechtsetzung, Rechtsumsetzung und Rechtsprechung würde eine unabhängige Verwaltungsgerichtsbarkeit entstehen, durch die damit verbundene Selbstbegrenzung könnte neues Vertrauen wachsen.

Das Gerede um die »Priesterliche Existenz« begleitet die Arbeit der Priesterseminare und diözesanen Priesterräte seit Jahrzehnten. Man müht sich um eine priesterliche Spiritualität, so als wenn diese über die christliche hinausgehen würde oder sich von ihr abgrenzen könnte. Dadurch möchte man offensichtlich das Priesteramt wieder attraktiv und zu etwas Besonderem machen, den Priester in eine größere Christusnähe rücken. Die Skandale um sexuelle Gewalt an Kindern haben es jedoch unmöglich gemacht, in der nicht freiwillig gewählten zölibatären Lebensform noch etwas Schönes zu sehen. In der Diskussion um die priesterliche Existenz und Lebensform muss klar sein: Die Ehelosigkeit um des Himmelreiches willen war ursprünglich gedacht als Zeichen innerer Freiheit und als Protest gegen die Verbürgerlichung der Kirche. Aber eben für Mönche und Nonnen, nicht im Zusammenhang mit dem Amtspriestertum. Der Pflichtzölibat jedoch, im 12. Jahrhundert eingeführt und im 19. Jahrhundert zum katholischen Alleinstellungsmerkmal magisch aufgeladen, ist das Goldene Kalb der Klerikerkirche und der Zugang zu einem Klüngel aus Abhängigkeit und Angst. Die Reform muss darin bestehen, das Amt zu entsakralisieren, es zu einem ganz normalen ehren-, neben- oder hauptamtlichen Beruf für Frauen und Männer zu machen, um die für die Gemeinden viel wichtigere Eucharistiefeier wieder gewährleisten zu können. Die regelmäßige und verlässliche Feier der Eucharistie darf nicht noch weiteren Fusionswellen zum Opfer fallen, die Kirche muss buchstäblich im Dorf und überschaubar bleiben.

»Priesterliche Existenz« – unter diesem Leitwort ist in den vergangenen Jahren oft von der *Vita Communis*, dem gemeinsamen Leben männlich-zölibatärer Priester, die Rede gewesen. Man wollte damit der Einsamkeit entgegenwirken und das Amt wieder für junge Männer attraktiv machen. Es ist gründlich schiefgelaufen: Die meisten dieser klerikalen Lebensgemeinschaften zerbrachen schnell an persönlichen Divergenzen oder sie erwiesen sich von vornherein als gut getarnte WGs, ähnlich den früher geduldeten Lebensgemeinschaften des Pfarrers mit seiner Haushälterin, nur eben auf der anderen Neigungsseite. Etwa zwanzig Prozent der Priester und Mönche sind nach Einschätzung des Theologen und Psychotherapeuten Wunibald Müller in einem Interview mit katholisch.de homosexuell, was überhaupt kein Problem darstellt, wenn sie ihre Berufung überzeugend leben. Ganz im Gegenteil: Als Homosexualität noch gesellschaftlich verpönt war und nicht öffentlich gelebt werden konnte, war Priesterwerden für fromme schwule Männer genau das Richtige, denn sie mussten sich nicht weiter rechtfertigen, hatten die Chance auf eine gehobene und angesehene berufliche Stellung und ein hochästhetisiertes Umfeld. Viele von ihnen sind nach meiner Erfahrung sogar außergewöhnlich empathische Seelsorger und für die Kirche unverzichtbar. Bis heute spielt das Thema Homosexualität im katholischen Klerus eine nicht zu unterschätzende Rolle. Die vorgespielte Homophobie vieler Kleriker ist in Wirklichkeit Folge sowohl eines altertümlichen verkorksten Naturrechtsbegriffs als auch der verdrängten oder versteckt gelebten Homosexualität eines überdurchschnittlich großen Teils der Amtsträger, der sich nach außen konservativ gibt, um selbst nicht verdächtigt zu werden. Das hat sehr konkrete seelsorgliche Auswirkungen. So tut sich die katholische Kirche immer noch schwer damit, homosexuelle Paare zu segnen. Am 15. März 2021 hat dies die Glaubenskongregation sogar endgültig, aber ebenso erfolglos zu verbieten versucht, es war nur ein plumper Angriff auf den deutschen *Synodalen Weg* und hat eine Welle der Empörung und des kollektiven Ungehorsams ausgelöst. Man befürchtet in Rom vor allem eine Verwechselung mit der Eheschließung, also mit der sakramentalen Trauung heterosexueller Paare. Segnet ein Priester ein homosexuelles Paar, muss er mit einer scharfen Rüge rechnen. Darauf angesprochen, entgegnete ein Bischof, die Priester sollen den Segen spenden, aber nicht in der Öffentlichkeit, sondern irgendwo »im Wohnzimmer«. Homosexualität im pastoralen Hinterhof? Wenn katholische Bischöfe die Segnung gleichgeschlechtlicher Paare untersagen, so ist das ein unwürdiges und scheinheiliges Versteckspiel. Am 10. Mai 2021 fanden unter #liebegewinnt bundesweit hunderte von Segensfeiern für Liebende und damit auch für homosexuelle Paare statt.

Als Bundesgesundheitsminister Jens Spahn im Dezember 2020 in einem sehr persönlichen und spirituell glaubwürdigen Interview im Magazin *FOCUS* bedauerte, dass die Kirche zwar Autos und Tiere segnet, aber keine Menschen, die nicht in ihr Schema passen, habe ich ihm und seinem Partner als sein Heimatpfarrer eine Segensfeier angeboten. Pastoraler Ungehorsam der Institution gegenüber ist vorauseilender Gehorsam dem Evangelium gegenüber.

Die Aufhebung des Pflichtzölibats, selbstverständlich sowohl für Hetero- als auch für Homosexuelle, wäre genau das Richtige, um den psychischen Druck herauszunehmen, der das klerikale System über Jahrhunderte zusammengehalten hat. Es wäre ein Befreiungsschlag und hätte wohl auch einen Skandal zur Folge. Denn je höher man sich in der kirchlichen Hierarchie umschaut, desto hochästhetisierter – und schwuler – geht es zu. Ein schwuler Priester, nach außen immer korrekt gekleidet mit Kollarkragen, mit einem großen Faible für die Tridentinische Messe und andere magisch-klerikale Spielchen, gestand mir gegenüber, er würde sich immer wieder verlieben, denn das Zölibatsgesetz hätte für ihn und seinesgleichen keine Gültigkeit, es sei von jeher nur ein Vorwand gewesen. Ich meine deshalb: Wer nach der Freistellung des Pflichtzölibats wen heiraten würde, welche Freundschaften mit einem Mal eine Ehe oder Partnerschaft wären, wer seine geschlechtslos-vergeistigte Beziehungsunfähigkeit schlicht und einsam weiterführen würde und wer dann noch übrigbliebe, einen geglückten zölibatären Lebensweg zu bestehen, wäre dann sicherlich interessant zu beobachten. Vermutlich jedoch wird Rom auf Biegen und Brechen am Pflichtzölibat festhalten, allein der Seilschaften und Kader wegen. Vielleicht werden aber auch auf Ebene der Bischofskonferenzen und Bistümer einige Sonderregelungen erlaubt, allein um die Seelsorge sicherzustellen.

Auch zur Frauenfrage ist bereits alles gesagt und geschrieben worden, nicht erst seit es die Graswurzelbewegung *Maria 2.0* gibt, die in anderthalb Jahren mehr Reformbewusstsein geschaffen hat als das eher brave, kompromisslerische *Zentralkomitee der deutschen Katholiken* in mehreren Jahrzehnten. Gegen die Weihe von Frauen gibt es keine theologischen Argumente, die kulturelle und damit religiöse Abwertung der Frau resultierte allein aus der Macht der Männer, sie kann mit noch so viel Marianismus nicht frommgeredet werden. Wer Frauen weiht, riskiert derzeit noch eine Kirchenspaltung. Mit Hinweis auf die Altkatholische Kirche bezeichnete etwa Papst Franziskus Anfang 2021 die Frauenweihe als ein »Verderben«. Für eine polyzentrische Weltkirche, die aus dem römischen Apparat eine Verwaltungszentrale macht, vor Ort jedoch theologischen

Spielraum lässt, ist es wohl angesichts solcher Aussagen noch zu früh. Andererseits: Innerhalb einer Güterabwägung zwischen einer weiteren Diskriminierung der Frau und einer deutschen Nationalkirche wäre letztere wohl das geringere und damit wählbare Übel. Eine Zusatzbemerkung: *Maria 2.0* hat in letzter Zeit vermehrt darauf hingewiesen, dass es möglicherweise gar kein Weiheamt mehr braucht. Dieses Denken halte ich zum gegenwärtigen Zeitpunkt für unangemessen und verfrüht, denn selbst in der evangelischen Kirche ist das Amt zwar nicht in der Theorie, wohl aber in der Praxis sehr deutlich vom allgemeinen oder gemeinsamen Priestertum unterschieden. Das liegt nicht an Weihe oder Ordination, sondern einzig und allein daran, dass man für den seelsorglichen Alltag eine pastorale und theologische Kompetenz braucht. Ist diese gegeben, könnte man getrost auf die Weihe verzichten, eine Beauftragung genügte auch. Menschen brauchen in Zukunft keine Kleriker, sondern Profis. Die Welt hat sich eben weitergedreht, mit bloß gültigen sakramentalen Handlungen ist niemand mehr zufrieden, es muss auch noch Inhalt darin sein, Zuspruch und Trost. Was viele Gemeinden von ihrer Behördenkirche geboten bekommen, ist langweilig und inhaltsleer, weichgespült und oberflächlich.

Von der kollektiven Sexualneurose der katholischen Kirche habe ich bereits in *Ausgeheuchelt* geschrieben. Es ist interessant, dass Sexualität in der katholischen Kirche nur in den Extremen vorkommt, nicht in der Normalität. Entweder man verzichtet komplett auf genitale Sexualität, wird Priester, Mönch oder Nonne. Oder man unterwirft sich einem strengen Reglement von Geboten und Verboten, das ich gerne als Unterleibstheologie bezeichne und das von jenen streng verwaltet wird, die von Sexualität eigentlich keine Ahnung haben dürften. Diese moralinsaure »Theologie« ist mehr Spiegel der geheimen Phantasie ihrer

Urheber, als dass sie irgendwem bei der Gestaltung partnerschaftlicher Sexualität nützen könnte. Nicht umsonst hat die Enzyklika *Humanae Vitae* faktisch zur Abschaffung der Beichte geführt, denn diese war der bevorzugte Ort jener neugierigen und detailverliebten Unterleibstheologie. Ich kenne viele, zumeist ältere Christinnen und Christen, die in jungen Jahren dermaßen unter Druck gesetzt worden sind, dass sie später keine erfüllte Sexualität mehr leben konnten, selbst in der Ehe war alles verkrampft. Andere, gesündere Charaktere hatten schon früh erkannt, dass der Zugriff des Klerus auf das eheliche Schlafzimmer von keinem guten Geist beseelt war. In der religiösen Sozialisation meiner Eltern spielte es eine riesengroße Rolle, vor der Ehe keusch zu leben, um nicht am Ende heiraten zu »müssen«, was als allergrößte Schande galt. Ein alter Priester erzählte mir, dass im Priesterseminar morgens vor der Frühmesse fast alle zur Beichte gingen, um trotz ihrer nächtlichen Selbstbefriedigung noch zur heiligen Kommunion gehen zu dürfen. Dass ein solches System krank macht, liegt auf der Hand, denn es ist schöpfungswidrig. Solange das eigene, gleichwohl geförderte und gebildete Gewissen, nicht nur in der Theorie, sondern auch faktisch als oberste Instanz akzeptiert wird, kann die katholische Kirche moraltheologisch gesehen einpacken.

Die römisch-katholischen Reformprobleme heißen: Zu viel Kirche, zu wenig Jesus. Zu viel Kirchenrecht, zu wenig Freiheit. Zu viel Klerus, zu wenig Eigenverantwortung. Zu viel sakramentale Vermittlung, zu wenig Gottunmittelbarkeit. Zu viel Struktur, zu wenig Inhalt. An der Lösung dieser Probleme müssen wir weiterarbeiten. Niemand verwechselt mehr die Nachfolge Christi mit einem blinden Kirchengehorsam. Es mag als Hoffnungszeichen gewertet werden können, dass Papst Franziskus zur Vorbereitung der Weltbischofssynode 2022 einen weltweiten Synodalen Weg eingeleitet hat. Andererseits könnte das auch der Versuch sein, den deutschen synodalen Alleingang zu domestizieren, ja, die deutschen Kirchenvertreter wieder ins weltkirchliche »Das-war-schon-immer-so« und »Man-kann-eben-nichts-machen« zurückzuholen. Das Rücktrittsgesuch von Reinhard Kardinal Marx im Juni 2021 war sicherlich nicht nur persönlich motiviert, sondern auch eine Mahnung an den Vatikan, ein existenzieller Ruf nach überfälligen Reformen, sowie eine Attacke auf seinen Kölner Kollegen Woelki, der mit juristischen Klimmzügen und frommer Taktiererei eben diese Reformen zu verhindern versucht. Ein toter Punkt für die Kirche.

Dieser kurze Blick auf die Themen der Foren und die kirchliche Realität sind der Grund dafür, dass ich meine ursprüngliche Hoffnung verloren habe und stattdessen wiederhole: Der *Synodale Weg* wird scheitern. Er wird ein Demokratiekompensat ohne konkrete Ergebnisse bleiben. Hoffentlich entsteht dadurch nicht allzu viel Frustration. Denn die Argumente sind alle auf Seiten der Reformer, die Traditionalisten können sich nur wegducken und auf ihre Machtkartelle hoffen. Irgendwann werden sie ganz allein dastehen. Das Zweite Vatikanische Konzil spricht zwar vom Glaubenssinn aller Getauften. Dieser aber ist nur in Gemeinschaft mit den Bischöfen wirksam. Es spricht auch von der Kollegialität der Bischöfe. Diese aber können ohne den Papst überhaupt nichts in den angesprochenen Punkten beschließen. So bleibt die typisch katholische Hoffnung auf den Papst. Oder wir demokratisieren die Kirche radikal, ersetzen das Weiheamt durch eine Beauftragung und wählen die Bischöfe und den Papst nur für eine begrenzte Zeit. Niemand wird allen Ernstes behaupten, dies schade der christologischen Sicht auf das Amt oder der Sakramentalität der Kirche. Keine Synode wird die Bergpredigt abschaffen oder das Vaterunser aus der Liturgie streichen wollen. Für eine Kirche im Sinne Jesu Christi brauchen wir absolute Transparenz ohne machthungrige Despoten. Schafft es die katholische Kirche nicht, wirklich synodal, ja, demokratisch zu werden, dann hilft nur noch beten – oder nicht einmal das.

Binden und Lösen

Im Matthäusevangelium erhält Petrus von Jesus die Schlüssel des Himmels (Matthäus 16,13–20). Darüber gibt es viele Stammtisch- und Kirchenwitze, in denen Petrus als Türsteher an der Himmelspforte arbeitet. Auf die Schlüsselszene geht auch der Volksglaube zurück, Petrus sei für das Wetter zuständig, da er den Himmel auf- und abschließen könne. In Wirklichkeit erhält Petrus mit dem Schlüsselwort die Vollmacht, Menschen für die Liebe Gottes aufzuschließen, ihnen seine Güte zu erschließen, sie mit Gott in Berührung zu bringen. Jesus sagt zu Petrus: »Alles, was ihr auf der Erde binden werdet, das wird auch im Himmel gebunden sein, und alles, was ihr auf der Erde lösen werdet, das wird auch im Himmel gelöst sein.« Zwei Kapitel später (Matthäus 18,18) wird die Vollmacht zum Binden und Lösen auf alle Jünger und damit symbolisch auf die ganze Kirche übertragen.

Jesus meint mit dem Binden und Lösen weder Hochzeit noch Scheidung. Er redet davon, dass Gesetze und Normen geändert werden müssen, wenn sie den Menschen den Zugang zur Liebe Gottes versperren. Diese Binde- und Lösegewalt hatten im Judentum bereits die Schriftgelehrten und Rabbiner inne. Sie sollten feststellen, ob ein Gesetz noch verbindlich war oder ob es verändert oder aufgelöst werden musste. In einer bestimmten Zeit entstanden, passte es nicht für alle Zeiten. Binde- und Lösegewalt heißt: Was die Schriftgelehrten in ihrer Zeit für verbindlich erklärten, galt auch vor Gott als verbindlich. Wenn sie ein Gesetz auflösten, dann galt es auch vor Gott als aufgelöst. Das klingt ziemlich anmaßend. Stellen sich hier Menschen über das Gesetz Gottes?

Bestimmt hatten manche Schriftgelehrten Angst davor, diese Verantwortung zu übernehmen. Aus Angst, falsche Entscheidungen zu treffen, blieb in vielen Bereichen alles beim Alten, selbst dann, wenn es den Menschen nicht mehr nützte. Damit bürdeten sie den Gläubigen Gesetze auf, die diese nie halten konnten. Die Folge: Menschen hatten Angst davor, niemals gut und richtig vor Gott dastehen zu können. Aus Angst vor Veränderungen verbreiteten die Schriftgelehrten unter den Menschen damals eine Heils- und Heidenangst. Heute wissen wir, wie die Bibel entstand, dass sie historisch-kritisch zu deuten ist und selbst Gesetze und Normen nicht vom Himmel gefallen, sondern aus einer bestimmten Situation heraus entstanden und erst dann religiös ummantelt und damit abgesichert worden sind.

Die Vollmacht der Rabbiner, zu binden und zu lösen, überträgt Jesus nun auf Petrus und die junge Kirche. Damit sagt er: »Macht ihr es besser, öffnet den Menschen die Tür zur Liebe Gottes!« Dazu müssen auch kirchliche Normen verändert werden, je nachdem, ob sie den Menschen nützen oder nicht. Und was die Kirche dann für verbindlich erklärt, das gilt auch vor Gott als verbindlich. Das gleiche gilt, wenn sie Normen ändert oder abschafft. Die erste Norm der jungen Kirche hat Petrus selbst abgeschafft. Es ging um die Frage: Müssen Heiden, die getauft werden wollen, zuerst Juden sein? Nach heftigem Ringen verzichtete Petrus darauf. Danach erst konnte Paulus weiter missionieren. Das Christentum breitete sich im ganzen Mittelmeerraum aus, in der gesamten damals bekannten westlichen Welt.

Was heißt das für die Kirche heute? Welche Normen eröffnen Menschen heute die Liebe Gottes? Welche schließen sie von seiner Liebe aus? Was bleibt verbindlich, wovon müssen wir uns lösen? Dazu vier Beispiele.

Sonntags die heilige Eucharistie zu feiern, wird von einigen wenigen nicht in Frage gestellt. Für Christen, die einen Zugang zur Liebe Gottes und zur Hingabe Jesu gefunden haben, ist es häufig sogar noch selbstverständlich. Wer mit Gott dagegen nichts anfangen kann, wird auch durch ein Gebot nicht dazu bewegt werden können. Die Norm sollte bleiben, denn bei der Eucharistie geht es ums Grundsätzliche, um Quelle und Gipfel allen christlichen Lebens, wie das Zweite Vatikanische Konzil sagt. Allerdings: Werben ist besser als zwingen.

In Fragen der Sexualmoral lässt sich heute niemand mehr hineinreden, und das ist gut so. Wichtiger als die Frage »Was und wann darf man?« scheint mir die Frage »Wie kann Sexualität verantwortlich gelebt werden?« Treue, gegenseitige Wertschätzung und Liebe sind bleibende Werte. Entscheidend ist die Frage: Ist Sexualität Zeichen der Liebe – oder ist der Partner nur ein Objekt, um eigene Bedürfnisse zu befriedigen? Sogenannte »eheliche Pflichten« waren früher mitunter die Hölle auf Erden. Was die wiederverheirateten Geschiedenen angeht: Das Versprechen, ein Leben lang füreinander da zu sein und einander treu zu bleiben, halte ich für ein hohes Gut. Das sollten wir nicht aufgeben. Aber wie gehen wir mit dem Scheitern um? Im Christentum ist sonst ja auch nach dem Scheitern ein Neuanfang möglich. Umkehr, Vergebung und Barmherzigkeit sind zentrale Themen der Botschaft Jesu. Ich hoffe, dass sich bald etwas ändert bei der Zulassung wiederverheiratet Geschiedener zum Empfang der Sakramente. Wie sollen wir Menschen die

Liebe Gottes eröffnen, wenn wir sie ausschließen von den wichtigsten Zeichen seiner Liebe?

Schließlich die Rolle der Frau in der Kirche: Argumente gegen die Priesterweihe von Frauen findet man in der Bibel. Argumente dafür ebenfalls. Genauso aber ließen sich Argumente für oder gegen die Priesterweihe für Männer, ja, für oder gegen die Weihe überhaupt, finden. Wer jedoch keine Argumente mehr hat, erlässt ein Diskussionsverbot. Papst Johannes Paul II. hatte 1994 »endgültig« festgelegt, dass die Kirche von Gott nicht dazu ermächtigt sei, Frauen zu weihen (*Ordinatio Sacerdotalis*). Um dies zu einer dogmatischen Aussage hochstilisieren zu können, hatte Joseph Ratzinger eigens in den *Katechismus der Katholischen Kirche* (1992) hineingeschrieben, dass der bis dahin nötige Rückgriff auf die Offenbarung ausbleiben könne (KKK 88) und nun alles allein im Ermessen des Papstes liege. So wurde das Nichtgeoffenbarte erst dogmenfähig, so wurde 1992 eine jahrhundertealte Lehre geändert und noch dazu die Änderung als Tradition getarnt, nur um sie zwei Jahre später gegen die Frauenweihe verwenden zu können. Der Papst beanspruchte dabei einen Konsens unter den Bischöfen, den er niemals abgefragt hatte. Seitdem zittert die Kurie vor unangepassten Bischöfen, die diesen Konsens in Frage stellen – und stellt den Konsens her durch Bischofsernennungen angepasster Kleriker. Sie fürchtet sich daher auch vor dem *Synodalen Weg* und vor den wenigen reformfreudigen Bischöfen. An dieser Stelle wurde die Binde- und Lösegewalt autoritär, klerikal, unkollegial und unbiblisch ad absurdum geführt – aus reinem Machtkalkül.

Papst Franziskus hat in einem Interview bekräftigt, die Tür zur Frauenweihe sei verschlossen. Verschlossene Türen kann man wieder öffnen, wenn man will. Selbst die Heilige Pforte in Rom – sie ist zugemauert – wird alle fünfzig Jahre vom Papst selbst eingerissen. Mit seinem goldenen Hammer sollte er dasselbe mit den systemstabilisierenden Betonköpfen und den erfundenen Traditionen machen. Und was die Ermächtigung der Kirche zur Weihe von Frauen angeht: Jesus hat ihr die Binde- und Lösegewalt übertragen. Sie ist ermächtigt, auch diese Norm zu überdenken. Allerdings: Manche Menschen scheinen noch nicht reif für solch eine Änderung zu sein. Auch heute noch werden manchmal Mädchen als Messdienerinnen und Frauen als Kommunionhelferinnen abgelehnt. Lektorinnen sind erst seit Januar 2021 offiziell erlaubt! Wer Angst hat – vor dem Leben, vor sich selbst, vor Gott – der hat häufig auch eine panische Angst davor, dass sich überhaupt etwas ändert. Die drei wirklich wichtigen Dogmen der Kirche heißen: »Das war schon immer so! Da könnte ja jeder kommen! Und: Wo kommen wir denn da hin?« Und die sieben letzten Worte der Kirche lauten: »Das haben wir immer schon so gemacht.« Und selbst das sind alles nur Behauptungen, die dem Machterhalt der Zentrale dienen.

»Reformen in der Kirche kommen durch zweierlei: entweder durch den Heiligen Geist oder durch die Kosaken. Meist durch die Kosaken«, stellte einmal der französische Schriftsteller und katholische Denker Léon Marie Bloy fest. Will sagen: Wenn die Bischöfe, das Leitungspersonal, die doch immer behaupten, sensibel auf den Heiligen Geist zu hören, nichts ändern, dann wird es jemand anders tun. Aber dann eben nicht mehr geistlich, sondern letztendlich leider ungeistlich. Hören wir auf das Wehen des Heiligen Geistes nicht, kommt irgendwann der Sturm. Wer aus lauter Angst vor Veränderung nichts tut, den wird die Entwicklung am Ende nur noch mitnehmen. Wer sich dagegen ändert, bleibt sich treu, und was sich entwickeln darf, hat Bestand. Die Kirche muss tun, was Jesus ihr aufgetragen hat: sich an Normen binden, die den

Menschen die Liebe Gottes erschließen. Von anderen jedoch muss man sich lösen. Das ist eine große Verantwortung. Aber Gott vertraut der Kirche, er traut ihr etwas zu: »Liebe Bischöfe, ihr wollt doch immer die Nachfolger der Apostel sein. Diese haben von Jesus die Vollmacht, zu binden und zu lösen. Nun macht doch! Oder habt ihr etwa Angst? Wovor eigentlich?«

Palliative Pastoral

In *Ausgeheuchelt* hatte ich noch geschrieben, dass die Arbeit der Seelsorgerinnen und Seelsorger nicht nur Palliativpastoral sei. Ich gebe es zu: Nur zwei Jahre später bin ich anderer Meinung. Und zwar nicht aus Resignation, sondern aus Vernunft. Die Sozialgestalt der Kirche als Volkskirche, die überaus erfolgreich war und trotz ihres massiven Klerikalismus eine große Breitenwirkung hatte, ist längst tot. Doch auch das, was davon übriggeblieben ist, liegt im Sterben; zwar nicht strukturell, wohl aber ideell und damit existenziell: katholische Kindergärten und Schulen, katholische Krankenhäuser und Seniorenheime. Das Katholische daran, also das Profil und Alleinstellungsmerkmal, ist schon längst nicht mehr aufrechtzuerhalten, allein aufgrund der mangelnden Identifizierung der meisten Mitarbeitenden mit dem Evangelium, geschweige denn mit der Kirche. Das muss man schlichtweg akzeptieren. Europa wird spätestens in fünfzig Jahren ohne gesellschaftlich relevantes Christentum sein. Dieser Sterbeprozess kann nicht mehr aufgehalten werden, ja, er wird sogar noch beschleunigt durch das schlechte Ansehen der Kirche in der Öffentlichkeit, durch Skandale rund um das Thema sexueller Missbrauch sowie um bestimmte reformresistente bischöfliche Bewahrer mit einem völlig verquasten Erwählungs- und Sendungsbewusstsein. Daran ändern auch personal- und kostenintensive Programme nichts, etwa das von der Caritas begleitete Projekt für die Kindergärten als »Lernorte des Glaubens«. Was dort aufwendig proklamiert und als Neuerung verkauft wird, war vor einigen Jahrzehnten noch Standard in allen Kindertageseinrichtungen, nämlich praktische Religionspädagogik. Geben wir doch die Kindergärten ab, überlassen wir die großen Krankenhäuser dem Gesundheitsmarkt, und konzentrieren wir uns auf die Glaubensgestalt der Urkirche, nämlich die Caritas und die Gemeinde vor Ort, und seien sie auch noch so klein. Wenn das Kleid zu groß geworden ist, muss man den Gürtel enger schnallen.

Nun könnte man denken, es habe sowieso alles keinen Sinn mehr, machen wir den Laden doch einfach dicht. Palliativmediziner sind jedoch keine Totengräber, ganz im Gegenteil. Dem palliativ betreuten Patienten wird besonders viel Aufmerksamkeit zuteil. Man versucht, mit ihm die letzte Lebensspanne so angenehm wie möglich zu gestalten. Dabei geht es nicht nur um die richtige Medizin, sondern um eine gute Atmosphäre, um Begegnungen und Gespräche, um die Erfüllung besonderer Wünsche. Und um die Linderung von Schmerzen. Das Leiden wird nicht aus der Welt geschafft, sondern möglichst erträglich gemacht. Der Tod wird nicht verdrängt, sondern bewusst wahr- und angenommen. Keine Durchhalteparolen, kein Das-wird-schon-wieder und kein Weiter-so. Palliativmedizin ist geprägt von einem hohen Personal- und Sachaufwand, denn sie geht davon aus, dass das Leben seine unaussprechliche Würde bis zuletzt behält.

Palliative Pastoral bedeutet: Wir geben alles – bis zuletzt. Gerade weil die »Patientin« Kirche bald sterben wird, umsorgen wir sie mit besonders viel Aufmerksamkeit und Liebe. Sie kann nicht geheilt werden, aber getröstet soll sie sein. In Liturgie, Katechese und Caritas setzen wir unsere ganze Kreativität ein, auch wenn wir das alles morgen oder spätestens übermorgen nicht mehr in diesem Umfang brauchen, geschweige denn können werden. Jede Taufe, Trauung und Beerdigung ist eine Chance, das Leben für Gott aufzuschließen, auch wenn dadurch keine Kirchenbindung entsteht. Palliative Pastoral bedeutet aber auch: Wir wissen, dass es zu Ende geht. Deshalb machen wir uns keine falschen Hoffnungen. Es wird weiterhin Christinnen und Christen geben, sie werden ihre Kirchen größtenteils nicht abreißen. Aber der behördenkirchlich organisierte Glaubensgehorsam wird der Freiheit weichen. Palliative Pastoral ist eine großzügige, vertrauende, freilassende Seelsorge.

Ich lebe ja nicht für die Kirche, sondern von Gott her für die Menschen. Wer von Gott groß denkt, muss sich um den Fortbestand der Kirche keine Sorgen machen. Deren Untergang kann auch eine Chance zum Neuanfang sein. Ohne Paulus wäre das Christentum eine kleine jüdische Sekte geblieben. Heute wird das katholische Christentum leider und leidvoll zu einer kleinen klerikalen Sekte. Vielleicht kommt ja morgen ein neuer Paulus, der die Freiheit predigt, die Botschaft vom gesetzesfreien Evangelium, das die Schriftgelehrten und Pharisäer von heute weder verstanden haben noch verkünden. Und wenn nicht – Gott findet andere Wege, das Herz der Menschen zu erreichen. Nicht die Kirche hat eine Mission, sondern Gottes Mission hat – auch – eine Kirche.

Dranbleiben – aber wie?

- furchtlos auftreten, angstfrei glauben
- Missstände beim Namen nennen, offen sprechen
- kirchliche Autoritäten achten, ohne ihnen Macht über den Glauben zu geben
- Kirchenreformen unterstützen, auch wenn das sehr mühsam ist

- die Bischöfe an ihre Verantwortung erinnern
- nicht zu viel erwarten
- palliativ handeln – das Beste draus machen

Über Irrwege auf Umwegen

Glaube und Kirche gehen keinen geraden Weg. Immer wieder erweisen sich ausgetretene Pfade als Irrwege, Umwege jedoch als Hinwege zu etwas Neuem. Es gilt, sich der Realität zu stellen, mit beiden Beinen auf dem Boden der Tatsachen und mit ganzem Herzen bei Gott zu sein.

Corona – die alles bestimmende Wirklichkeit

Religion entstand vor etwa fünfzigtausend Jahren. Die Menschen wurden damals sesshaft. Vorher liefen sie ihren Beutetieren hinterher, hatten faktisch keine Freizeit und von daher kaum Gelegenheit zum Denken und Nachdenken. Jetzt, mit der Sesshaftwerdung, betrieben sie Ackerbau und Viehzucht, legten Vorräte an und gewannen damit Zeit, in den Himmel zu schauen, über die Sterne zu sinnieren und nach dem Sinn des Lebens zu fragen. Bestattungsriten gehörten zu den ersten religiösen Handlungen überhaupt. Die Hoffnung auf ein ewiges Leben bestimmte Religion von Anfang an.

Von diesen Frühformen bis zum Ende des Mittelalters gab es eine einzige alles bestimmende Wirklichkeit: Gott. In ganz Ägypten oder Persien, Griechenland oder Rom lebten faktisch keine Atheisten. Jeder glaubte an irgendeinen Gott und meistens an mehrere. Die Israeliten mussten nicht beweisen, dass es Gott gibt, nicht begründen, ob Glauben sinnvoll ist oder nicht, sondern nur ihren eigenen Gott für den einzigen halten. Jesus musste mit den Schriftgelehrten und Pharisäern nicht darüber diskutieren, ob JHWH der Gott Israels ist, sondern nur über unterschiedliche Ansichten von Gottes Barmherzigkeit und Liebe, über die Auslegung von Gesetzen und die religiöse Praxis. Paulus musste niemanden dazu bewegen, an einen Gott zu glauben, sondern nur dazu ermutigen, dem Gott und Vater Jesu Christi zu vertrauen und durch dessen Tod und Auferstehung das Heil zu erwarten, bedingungslos und leistungsfrei. Auf diese Weise hat Paulus das Christentum für jedermann und jederfrau zugänglich gemacht.

So blieb es durch die gesamte Antike bis ins späte Mittelalter: Dass es einen Gott gibt, wurde niemals in Frage gestellt. Gott – der Glaube an ihn, aber auch die Angst vor ihm – war die alles bestimmende Wirklichkeit. Von der Neuzeit bis zur Aufklärung war der Mensch das Maß aller Dinge, das anthropozentrische Weltbild war die alles bestimmende Wirklichkeit. In der Reformation und Gegenreformation ging es um die Gnade und die Bedeutung der Kirche, nicht jedoch um Gott selbst. Dessen Existenz wurde von niemandem bezweifelt. Steht der Mensch im Mittelpunkt, kann Gott nur noch helfen, das zeitliche Leben zu bestehen und das ewige Leben zu finden. In der Aufklärung tauchen die ersten Atheisten auf, jedoch nur unter den Intellektuellen. Die Romantiker fanden das Göttliche in der Natur, sie schwärmten von einem Gott in allen Dingen. In dieser Zeit erfand sich die katholische Kirche neu, indem sie durch manche erfundenen Traditionen meinte beweisen zu können, dass sie allein die göttliche Wahrheit authentisch zu verwalten im Stande sei. Sie lehnte sich gegen die Vernunft auf und band im 19. Jahrhundert durch den Jurisdiktionsprimat und das Unfehlbarkeitsdogma jeden Wahrheitsanspruch an einen Papst, der in der Zeit aufkommender

Nationalstaaten der letzte universale Souverän der Wahrheit zu sein vorgab. Ein verzweifelter Versuch, nach der Emanzipation der menschlichen Freiheit und Vernunft wieder Gott oder gar die Kirche zur alles bestimmenden Wirklichkeit zu machen.

Dieser Versuch ist gescheitert, denn seit dem 19. Jahrhundert gibt es viele Wirklichkeiten, die miteinander konkurrieren oder einfach nebeneinander existieren: das Aufblühen der Nationalstaaten, das Aufkommen von Ideologien wie dem Kommunismus, die industrielle Revolution mit dem Kapitalismus, in dem nunmehr das Geld zur alles bestimmenden Wirklichkeit wurde. Mir scheint, dass nach dem Fall der Mauer und dem Zerfallen der Ideologien das Kapital eine Zeitlang zur alleinigen Wirklichkeit geworden war. Fukushima, der Klimawandel und die Flüchtlingsproblematik waren und sind weitere bestimmende Wirklichkeiten, die übrigens mit Ausnahme von Sonntagsreden und Zeichenhandlungen komplett an den Kirchen vorbeigelaufen sind; niemand erwartet mehr ein Wort dazu, geschweigen denn eine Antwort.

Das vergangene Jahr 2020 war eine erneute Zeitenwende. Denn jetzt wurde ein kleines Stück RNA zur alles bestimmenden Wirklichkeit: das Corona-Virus. Im ersten Lockdown zu Ostern war die Kirche wie in einer Schockstarre. Gottesdienste wurden abgesagt, Live-Streams im Internet aus jeder Dorfkirche traten an deren Stelle. Es war von Geistermessen die Rede, bei denen man einen einsamen, oft unsicheren Priester am Altar vor sich hinbeten sah. Dafür war es immerhin der eigene Pfarrer, nicht irgendein unbekannter aus dem Fernsehprogramm. Das magische Amtsmissverständnis schlug an einigen Stellen voll durch, und das nicht nur durch die Feier der heiligen Messe ohne Gemeinde wie vor dem Konzil, die von einigen Bischöfen sogar empfohlen wurde als eine Art von Stellvertretung. So weigerten sich zunächst

einige afrikanische und auch osteuropäische Bischöfe, die Mund-
kommunion zu verbieten, so als könne das Virus weder geweihten
Händen noch eucharistischen Gaben etwas anhaben. Viele Priester hierzulande vergaßen offenbar aus Gewohnheit, die Gaben
von Brot und Wein hygienisch abzudecken, was so wirkte, als
müssten die von ihnen gesprochenen Wandlungsworte mitsamt
den darin enthaltenen Aerosolen auf die Gaben gesabbert werden,
damit die Messe gültig sei. Was für ein primitiver und sich selbst
überschätzender Sakramentalismus und Klerikalismus!

Der Kirche wurde vorgeworfen, sich allzu schnell, ja, allzu bereitwillig zurückgezogen zu haben. Dabei war eine Menge Kreativität
im Spiel. In den Pfarreien, in denen ich mitarbeiten darf, sowie
in vielen anderen gab es beispielsweise neben den Live-Streams
tägliche und wöchentliche Impulse, viele Telefonate mit alten
Menschen, eine kleine Gebetsschule und vieles mehr. In den Apo-
theken, Supermärkten und Bäckereien hatten wir Flyer mit den
Telefondurchwahlen der meisten Seelsorgerinnen und Seelsorger
ausgelegt. Die Kirche war präsent, wenn auch nicht als Gemeinde,
dann doch als Event und als personales Angebot. Kirche war in der
Krise deutlich besser als ihr Ruf. Nur: Der Nachteil der meisten
Online-Angebote war eine deutliche Reklerikalisierung, denn Kirche trat jetzt wieder hauptsächlich hauptamtlich-priesterlich auf.

Der Rückzug der Kirche aus dem öffentlichen Leben war jedoch
mehr als eine Schockstarre. Er offenbarte ihre Milieuverengung.
Nach wie vor gibt es eine Masse von Menschen, die man ins offene
Covid-19-Messer laufen lässt, weil ihre Arbeit nicht im Homeoffice
erledigt werden kann. Dazu gehört der gesamte Dienstleistungs-
sektor, dazu gehören die Armen, Schwachen und Kranken, die
sich häufiger als andere mit Covid-19 infizieren. Und dazu gehört
die körperliche Arbeit, die immer weniger wahrgenommen wird,

denn die Öffentlichkeit wird weitgehend von Akademikern im Homeoffice dominiert. Auch die Kirchenbürokratie saß größtenteils zu Hause, das Ausfallen der meisten Konferenzen offenbarte deren geringe Bedeutung, Online-Meetings waren viel kürzer als zuvor, weil man sie stringenter durchführen und auf die Inszenierung der eigenen Wichtigkeit verzichten konnte.

Auch ich hatte ungewohnt viele freie Abende, hatte zwar stets genug zu tun, aber nicht den Termindruck und Stress wie sonst. Plötzlich hatte ich ausreichend Zeit für Gottesdienst und Seelsorge, für die Begleitung von Menschen und das geistliche Leben. Obwohl auch die Verwaltung auf Sparflamme lief, blieb nichts unerledigt, alle Projekte liefen reibungslos weiter. Was ausfiel, waren allein die Sitzungen. Mich hat das sehr nachdenklich gemacht: Kann es sein, dass sich der Kirchenbetrieb bereits mit voller Wucht um sich selbst gedreht hatte? Dass alle Energie im Selbsterhalt gelandet war? Wie dem auch sei: Eine Kirche ohne Sitzungen ist offenbar wieder eine Kirche der Seelsorge. Die Gremien in den Gemeinden vor Ort hatten nach meiner Erfahrung ohnehin kaum noch Themen, denn auch hier begnügte man sich schon lange mit der Verwaltung des Bestehenden und plante gemächlich vor sich hin wie in den Jahren zuvor. Die diözesanen und überdiözesanen Gremien hingegen hätten eigentlich genügend Themen, nämlich im Zusammenhang mit der notwendigen Kirchenreform. Doch die wird nicht beherzt angepackt, das große Abenteuer der Nachfolge Christi landet in einer großen, von Corona noch verstärkten Kirchenlethargie.

In den sanften Monaten nach der Lockerung des ersten Lockdowns wurde viel diskutiert, Corona-Leugner und selbsternannte Querdenker traten auf den Plan und agierten höchst unwissenschaftlich und egoistisch vor sich hin, wobei sie sich mit Rechtsradikalen buchstäblich zusammenrauften. Im zweiten harten

Lockdown kurz vor Weihnachten tauchten erneut die Fragen auf, was jetzt zu tun sei. Gottesdienste blieben weiterhin erlaubt, wenn auch unter hohen Auflagen. In meinen beiden Pfarreien haben wir diejenigen Gottesdienste abgesagt, bei denen nicht hundertprozentig sichergestellt werden konnte, dass auch das Kommen und Gehen vieler Menschen vor und nach der Liturgiefeier mit Abstand zu bewerkstelligen war. Alle Gottesdienste jedoch, zu denen man sich langfristig anmelden musste, blieben bestehen. Hier konnten wir die Abstands- und Hygieneregeln mit großer Sicherheit garantieren. Die evangelische Landeskirche von Westfalen hatte dennoch frühzeitig alles abgesagt, die katholischen Nachbarpfarreien zogen kurzfristig nach. Vom Bundespräsidenten über den Ministerpräsidenten bis zum Bischof hieß es: Wir brauchen auch Präsenzgottesdienste, damit uns Zuversicht und Trost nicht ausgehen. Außerdem wollten wir uns nicht nachsagen lassen, uns schon wieder allzu schnell zurückgezogen zu haben.

Seltsam, habe ich gedacht: Nun sind, anders als im ersten Lockdown, Gottesdienste erlaubt, mit seit langem bewährten Hygienekonzepten. Dennoch wurde in vielen Pfarreien wieder wochenlang alles abgesagt. Manche Bischöfe, die ansonsten pastorale und kirchenrechtlich heikle Fragen ständig an sich ziehen, vom interkonfessionellen Kommunionempfang bis zur Segensfeier für wiederverheiratete Geschiedene und Homosexuelle, überließen nun den Pfarrern und Pfarrgremien die Entscheidung, ob Gottesdienste stattfinden oder nicht. Wer hatte hier den Glauben an die Relevanz des eigenen Tuns verloren?

Corona wurde in 2020 zur alles bestimmenden Wirklichkeit. Ich bin in 27 Priesterjahren nicht so oft nach Gott gefragt worden wie im Corona-Jahr nach dem Virus und den jeweils geltenden Vorschriften. Obwohl ich ganz gut delegieren kann und die

Hygienekonzepte unserer fünf Kirchen gar nicht zentral zu regeln hatte, fühlte ich mich zeitweise wie ein Gesundheitsmanager oder Hygienebeauftragter.

Bereits im ersten Lockdown wurde immer wieder nach der Relevanz der Kirche gefragt. Systemrelevant war sie offenbar nicht, sonst hätte man ihr mehr Spielraum gegeben wie im zweiten Lockdown. Dafür, so die Meinung einiger Amtsträger und Theologen, seien die Kirchen immerhin existenzrelevant. Stimmt das?

Tatsächlich hat der Glaube, den die Kirche verkündet, seine Funktionen verloren. Diese Funktionen sind: Kontingenzbewältigung durch Seelsorge, Stabilisierung der Gesellschaft durch moralische Autorität. Mit dem Funktionsverlust ist der Kirche ihre Bindungskraft abhandengekommen. Der postmoderne Mensch will frei sein, sich nicht binden, erst recht nicht an etwas, das ihm weder nützlich noch plausibel erscheint. Die Kirche kommt mit dieser Situation nicht klar, weil sie hochgradig selbstreferentiell ist. Sie hat mit sich selbst genug zu tun, mit ihren Strukturen und Skandalen, mit ihren Finanzen und ihrer enormen Bürokratie.

Systemrelevant ist die Kirche also nicht, existenzrelevant für die allermeisten aber auch nicht. Die finden für ihre Gottessehnsucht mittlerweile eigene Ausdrucks- und Gemeinschaftsformen, so dass sie die Kirche nicht vermissen. Die katholische und auch die evangelische Kirche werden nach dem Ende der Corona-Pandemie weiter an Relevanz verlieren. Viele Menschen haben trotz jahrzehntelanger Gewohnheit gemerkt, dass sie ganz gut ohne Kirche auskommen. Der Glaubwürdigkeitsverlust durch Skandale und unfähige Menschen in der Leitungsebene kommt hinzu. Vielleicht wird die Kirche als Gemeinde kurzzeitig an Bedeutung gewinnen, nachdem Menschen einander über so lange Zeit nicht begegnen durften, auf Abstand bleiben mussten. Begegnung von Mensch zu Mensch, vis-à-vis, gehört zu den Kernkompetenzen einer jeden Gemeinde, selbst wenn es dabei nur wenig um Glaubensinhalte geht. Vielleicht wird die Kirche als heilsrelevant angesehen: Nicht, dass es an ihr vorbei kein Heil gäbe, aber die Kirche kann die Gottessehnsucht wecken und damit dazu beitragen, dass Menschen Halt und Orientierung haben – und ihre großen Träume nicht resigniert über Bord werfen.

Klerikalismus – der Flaschenhals der Kirche

Der Klerikalismus ist der Flaschenhals der Kirche. Wir werden mit der Kirchenreform kein Stück weiterkommen, solange der Klerikalismus nicht überwunden ist. Klerikal ist dabei nicht nur eine bestimmte Theologie oder ein bestimmtes Auftreten, sondern ein archaisch-magisches Machtgefälle. Der Kleriker bildet sich ein, aufgrund der Erwählung durch Gott und die Aussonderung durch die Kirche (Klerus von griechisch *kléros* = Los, Anteil, Erbteil) etwas Besonders und Herausgehobenes zu sein. Von daher meint er, bestimmte Vorrechte und Privilegien zu haben, die ihm von der ihm anvertrauten Gemeinde über Jahrhunderte auch fraglos zugestanden wurden.

Klerikalismus ist die Ursünde der Kirche, ähnlich der biblisch-symbolischen Ursünde des ersten Menschenpaares Adam und Eva. Der Mensch will sein wie Gott, das ist die eine Ursünde. Und auch der Kleriker will sein wie Gott, ihn quasi auf Erden vertreten, das ist die andere. Beides hat mit Selbstüberschätzung zu tun. Ein dermaßen hoher Selbstanspruch muss zu Selbstüberforderung führen bis hin zu jenen menschlichen Katastrophen, die im Missbrauchsskandal offen zutage getreten sind.

Es ist kaum vorstellbar, dass in Deutschland ein Bischof zurücktreten wird. Marx' Rücktrittsgesuch im Juni 2021 wurde nicht angenommen, es wäre ein Schritt mit hoher Symbolkraft für das gesamte Kirchensystem gewesen. Der Rücktritt von Franz-Peter Tebartz-van Elst im Jahr 2013 war eine Ausnahme, es war ja auch eher ein Rausschmiss, um eine weitere Eskalation im Bistum Limburg zu verhindern. Tebartz-van Elst ist ja weiterhin Bischof, wenn auch auf dem vatikanischen Abstellgleis eigens für ihn geschaffener Aufgaben mit entsprechenden Bezügen (Pension aus Limburg, Gehalt aus Rom). Das ontologische, seinsmäßige und nicht nur funktionale Amtsverständnis hat also nicht nur menschliche und kirchliche, sondern durchaus monetäre Konsequenzen: Franz-Peter Tebartz-van Elst war einst ein ganz hervorragender und überaus beliebter Gemeindeseelsorger, leider nur vier Jahre lang. Hätte man ihn nach dem Scheitern als Bischof und einer angemessenen Strafe wegen Untreue und Verschwendung eine Pfarrstelle anbieten können, so wäre er möglicherweise wieder ein guter Gemeindeseelsorger geworden, bekäme nur einen Teil seiner jetzigen Vorruhestandsbezüge und käme damit dennoch gut aus. Da ein Bischof aber nicht degradiert werden kann, muss man ihn buchstäblich aushalten – und teuer bezahlen, wofür auch immer.

Auch Rainer-Maria Woelkis Rücktritt ist nur schwer vorstellbar, denn das ergäbe einen regelrechten Domino-Effekt: Der Zorn des enttäuschten Kirchenvolkes würde bald weitere Bastionen schleifen und Rücktritte fordern, denn die Geduld der treuen Kirchenschafe mit den Oberhirten, die ihnen einfach vorgesetzt werden, die sie nicht gewollt und nicht gewählt haben, wird bald am Ende sein. Klerikale Hybris macht beratungsresistent und kommunikationsunfähig. Die Weihe kann dem Geweihten die falsche Sicherheit vorgaukeln, alles zu können und leider auch zu dürfen.

Das jetzige Amtsverständnis der katholischen Kirche sorgt also dafür, dass sich Amtsträger erwählt fühlen können. Wenn jemand sich von Gott erwählt und gesandt fühlt – ein Erwählungsbewusstsein, das wenn überhaupt allen Christen aufgrund ihrer Taufe zukommt –, dann kann das Volk noch so zetern und zerren, dann können Tausende von Christen aus der Kirche austreten, dann kann ein Bischof gegen seine Amtspflichten verstoßen, Straftaten vertuschen oder sich an Seminaristen vergreifen: Das ist alles egal, an der Kathedra wird nie und nimmer gesägt, denn auf ihr sitzt ein Gottesmann, unantastbar! Ich komme hier an den Rand der Satire. Der moderne Mensch geht davon aus, dass sich Gott nicht direkt ins Weltgeschehen einmischt, ja, er leidet daran, dass die meisten Fragen unbeantwortet bleiben. Warum sollte sich Gott ausgerechnet für Kirchenämter, die nur historisch gewachsen sind, interessieren und sich bei deren Vergabe persönlich einmischen?

Damit kein falscher Eindruck entsteht: Es geht mir hier nicht um Bischofs-Bashing – es gibt den Klerikalismus auf allen Weihestufen. Ich habe Ständige Diakone erlebt, die nach ihrer Weihe plötzlich die Seite gewechselt hatten und ganz erhaben daherkamen, von oben herab redeten und sich gerne in alte Gewänder hüllten. Es gibt Pastoralreferenten, die nur beten können, wenn sie dabei ein liturgisches Gewand tragen, ansonsten aber in ihrer Gemeinde nur wenig präsent sind. Priester beim so genannten Konveniat – einem geistlichen Treffen, bei dem es nicht immer sehr geistlich zugeht – reden manchmal mit chauvinistischem Unterton über Laien, besonders über Frauen. Man gewinnt den Eindruck, sie wähnten sich in einer Kaste, die über andere erhaben ist. Der Klerikalismus ist auch deshalb eine Ursünde, weil er die gesamte Kirche durchzieht, nicht nur die Reihen der Kardinäle oder Bischöfe.

Ein Kollege aus meinem Weihekurs lief am Abend vor der Diakonenweihe durch die Flure des Priesterseminars und verkündete stolz den Slogan: »Nie wieder Laie!« Leider hat er das ernst gemeint, es war mehr als ein grober, womöglich selbstironischer Spaß. Ein älterer Kollege, der nicht durch besonderen Fleiß auffiel, verteidigte seine Antriebslosigkeit und Faulheit mit den drei »Z«, die er für die wichtigsten hielt und auf die es schließlich ankäme: zelebrieren, Zeitung lesen, Zölibat halten. »Zelebrieren« ist dabei in sich schon ein hässliches Wort für die Leitung einer Eucharistiefeier, es lässt eher an ein magisches Mirakel denken als an den schlichten Dienst des Vorstehers einer Liturgiefeier. Das magische Missverständnis der Weihe, die Aussonderung durch den Pflichtzölibat und der Klerikalismus im Ganzen führen dazu, dass die Kirche lahm und unbeweglich, antriebsschwach und wenig lebendig erscheint.

Solange der Zölibat das Hauptkriterium der Zulassung zum Weiheamt ist, weit vor der menschlichen Eignung und fachlichen Qualifikation, wird unsere Kirche von zu einem großen Teil unreifen Männern geleitet, die allein um ihrer eigenen Unsicherheit willen jede Reform verhindern werden. Wer möchte schon gerne das warme Nest verlieren, in dem er es sich gemütlich gemacht hat? Der »Flaschenhals der Kirche« wird dadurch immer enger, es kommt am Ende nichts mehr durch, was kreativ und zukunftsfähig ist. Klerikal ist damit das Gegenteil von katholisch, denn während dieses »allumfassend« meint und die universale Kirche aus allen Getauften bezeichnet, bedeutet jenes schlichtweg Spaltung.

Vatikan – die korrumpierte Wahrheit

Der Vatikan ist für viele faszinierend, die mächtige Renaissancefassade der Peterskirche bedeutet für sie Geborgenheit. Sie lassen sich von Mutter Kirche umarmen wie von den Kolonaden am Petersplatz – und fühlen sich sogleich daheim. Im Inneren des Vatikans vermutet man dagegen ein filigranes System von Zuständigen und Zuständigkeiten, eine darauf fein abgestimmte Hierarchie mit vielen Geheimnisträgern und eine skurrile Männerwelt, die nur Eingeweihte und Geweihte verstehen.

Als Jugendseelsorger habe ich oft Pilgerreisen nach Rom und Assisi begleitet. Das Beste daran waren für mich die Gottesdienste im kleinen Kreis sowie die Gespräche am Rand. In Assisi habe ich mich weitaus wohler gefühlt als in Rom, dessen Paläste mir zu repräsentativ und dessen Straßen mir zu voll waren. In Assisi aber, in den engen Gassen auf den Spuren des Poverello, konnte ich etwas von der Nachfolge Christi spüren. Während der Fahrt nach Rom äußerten die Jugendlichen manche Kritik an der Kirche. Wenn sie dann aber auf dem Petersplatz zur Audienz waren, sprangen sie auf die Stühle und jubelten dem Papst zu wie einem Popstar. Ich bin jedes Mal sitzen geblieben, der Personenkult um den Papst war mir schon immer suspekt. Niemals bin ich auf die Idee gekommen, hierin ein katholisches Alleinstellungsmerkmal zu sehen. Der Papst sollte Repräsentant der Kirche sein, damit sie mit einer Stimme sprechen kann. Als obersten Hirten und Lehrer könnte ich eher ein Konzil akzeptieren, zumal die übersteigerte päpstliche Souveränität ein erst neuzeitliches Konstrukt aus vielen theologischen Winkelzügen ist.

Dass der Vatikan zur Macht- und Schaltzentrale der römisch-katholischen Kirche wurde, war nicht Fügung, sondern Zufall. Kirchengeschichte ist nicht göttliche Fügung, sondern Teil der Menschheitsgeschichte. Der Gott Israels kam vom Sinai, Jesus war Jude wie alle seine Apostel auch. Doch als sich das Christentum vom Judentum löste und im Mittelmeerraum verbreitete, war zunächst Griechenland das Zentrum, schon bald darauf Rom. Deshalb ist das Neue Testament in griechischer Sprache geschrieben und erst um das Jahr 400 ins Lateinische übersetzt worden. Das Glaubensbekenntnis der Christen ist geprägt von griechischer Philosophie, die Organisation der Kirche kopiert römische Traditionen, vom Kardinalskollegium bis zum Kirchenrecht. So wurde aus der jüdischen Erzählkunst, der narrativen Theologie und der Reich-Gottes-Botschaft Jesu ein in logisches Denken und schließlich in Stein gehauenes Konglomerat. Das alles ist kein Problem, so geht Geschichte, so funktioniert Inkulturation, das eine folgt dem anderen scheinbar ohne Plan. Jeder Verantwortungsträger hält sich selbst für entscheidend und stellt die Weichen nach seiner Erziehung und Bildung, nach seinen eigenen Prioritäten, wobei die Gesinnung stets dem Argument zuvorkommt.

Kaiser Konstantin hatte 313 das Christentum toleriert, unter Kaiser Theodosius, dem letzten Alleinherrscher des Gesamtreiches, wurde es Staatsreligion. Die beiden Kaiser sind damit die Erfinder der Volkskirche, der bloßen Kirchenzugehörigkeit aus Konventions-, Anpassungs- und Erfolgsgründen ohne das Wagnis der Nachfolge Jesu und der damit verbundenen vormals womöglich lebensgefährlichen Konsequenzen. Konstantin hatte aus politischen Gründen das Konzil von Nicäa einberufen, da ihm die Einheit des Glaubens für die Einheit des Reiches zuträglich schien. Er selbst war zu diesem Zeitpunkt noch nicht einmal getauft. Nachdem der römische Kaiser nach Byzanz abgezogen war und die Völkerwanderung die Antike leidvoll und kulturdegenerierend beendet hatte, setzte sich der römische Papst notgedrungen auf den Kaiserthron und erbte auf diese Weise nicht nur die Macht des weströmischen Kaisers, sondern auch dessen Titel »Pontifex Maximus«, großer Brückenbauer. Für das gerade untergehende Rom war dies ein Glücksgriff, eine kluge Entscheidung, denn so konnte immerhin noch irgendetwas gerettet werden.

Die Jahrhunderte vergingen. Die Karolinger verstanden es, durch die enge Verbindung mit dem Papsttum ihren politischen Einfluss zu vergrößern und das *Heilige Römische Reich Deutscher Nation* konsequent zu erweitern. Die Gründung des Kirchenstaats hat man später mit allerlei gefälschten Schenkungsurkunden vorzudatieren und dadurch zu legitimieren versucht (*Konstantinische Schenkung*). Der *Investiturstreit* im 11. Jahrhundert zwischen Heinrich IV. und Papst Gregor VII. beendete das Gerangel um die Einsetzung von Bischöfen durch die weltliche oder geistliche Macht nur scheinbar, es gab weiterhin Konflikte. Aber das Papsttum ging dem Höhepunkt seiner Macht entgegen. Der Bau der Peterskirche in Rom, die eher einem Palast als einer Kirche gleicht, war Anlass für den Ablasshandel und damit für die Reformation. Auf den deutschen Mönch und Theologen Martin Luther konnte die Kirche nicht adäquat reagieren, nicht tiefgreifend theologisch argumentieren, stattdessen agierte man mit Macht. Wobei beide Seiten ohne Zweifel Fehler gemacht haben.

Nach der Gründung des Königreichs Italien 1861 ging der Kirchenstaat verloren, er wurde in das neue Italien Viktor Emanuels II. einverleibt. Das *Unfehlbarkeitsdogma* und der *Jurisdiktionsprimat*, beschlossen auf dem Ersten Vatikanischen Konzil und taktisch vorbereitet durch das Dogma von der *Unbefleckten Empfängnis Mariens*, kann als Trotzreaktion darauf bezeichnet werden. Der Papst verliert seine weltliche Macht und steigert dafür seine geistliche bis in göttliche Sphären hinein. Er war jetzt aus sich heraus (*ex sese*) der alleinige Souverän der universalen Kirche, ohne noch eines Konzils zu bedürfen. Mit dem Ersten Vaticanum hat ein zentralistischer und klerikaler Katholizismus begonnen, den es vorher in diesem Maß nicht gab. Immer mehr Entscheidungen, immer mehr Macht wurden an die römische Zentrale gebunden. Die eigentliche Papstkirche

entstand erst jetzt. Daran konnten weder das symbolische Ab-
legen der Tiara noch der Verzicht auf den Tragesessel des Papstes nach dem Zweiten Vatikanischen Konzil etwas ändern. Jetzt
war die Kirche römisch, und was keinen päpstlichen Segen hatte,
durfte sich nicht katholisch nennen. Von wegen katholische Vielfalt! Einheit bedeutete in der Papstkirche nicht Vielfalt, sondern
die Uniformität der Uninformierten.

Nach dem Ersten Vatikanischen Konzil begannen die Päpste,
in alles hineinzuregieren. Pius X. beispielsweise regierte in den
gesunden Menschenverstand hinein, indem er Professoren und
Pfarrer zwang, den so genannten *Antimodernisteneid* zu schwören
und damit ihren Verstand auf dem Altar des Kirchengehorsams
zu opfern. Damit versuchte er die wissenschaftliche Theologie
aufzuhalten und die Verkündigung um Jahrhunderte zurückzu-
werfen, was ihm aber gottlob nicht gelang. Am Ende war die
ganze Sache nur noch peinlich und albern, und der Papst stand
als ungebildeter Naivling am Pranger. Paul VI. regierte ins Ehe-
schlafzimmer hinein, indem er, gegen den Rat vieler Wissen-
schaftler, die so genannte Pillen-Enzyklika *Humanae Vitae* ver-
öffentlichte. Ich habe bereits darauf hingewiesen, dass dieser
Papst das Bußsakrament buchstäblich auf dem Gewissen hat, es
ist nämlich seitdem faktisch tot. Nach dem Zweiten Vatikanischen Konzil hielt er eine erneute Diskussion über den Pflichtzölibat für nicht opportun, das Thema war beendet. Johannes
Paul II. regierte in die Universitäten hinein, indem er kritischen
und unliebsamen Theologen die Lehrerlaubnis entziehen ließ.
Und er regierte in Bischofsbestellungen hinein, indem er bestimmte Kandidaten oft gegen die Leitungsgremien und auch
gegen das vereinbarte Verfahren durchsetzte; Kandidaten, die
nach oben gehorsam und nach unten autoritär waren, später jedoch durch Skandale auffielen und als Hirten durchfielen. Die

systemimmanenten Tradionalisten hatten oft Dreck am Stecken, einige von ihnen waren Vertuscher sexualisierter Gewalt, andere sogar selbst Täter. Das Hineinregieren geriet oft zum Eigentor, es schadete nicht nur der jeweiligen Diözese, sondern der römischen Zentrale und dem Vertrauen gegenüber dem Papst. Hätte man doch früher auf den Glaubenssinn des Volkes Gottes gehört! Fatal war bei Johannes Paul II. das kleine Wörtchen »endgültig« in seiner »dogmatisch« verbrämten Meinungsäußerung über die Unmöglichkeit, Frauen das Weihesakrament zu spenden, wovon bereits die Rede war. Damit können nun konservative Macho-Theologen die Hälfte der Kirchenmitglieder für alle Zeiten mit päpstlicher Erlaubnis diskriminieren. Auch Papst Benedikt XVI. hat unter dem Schein des feinsinnigen und hochästhetisierten Theologen mit ohne Zweifel hohen Idealen seine Macht dazu benutzt, theologische Gegner mundtot zu machen. Es waren mitunter persönliche Fehden, die unter dem Deckmantel päpstlicher Autorität ausgetragen und mit Macht entschieden wurden.

Mit Papst Franziskus schien ein neuer Wind im Vatikan zu wehen. Der gewählte Name, das einfache Auftreten, der schlichte Lebensstil, die zunächst offenen Worte auch in den eigenen Reihen ließen viele Katholiken hoffen. Franziskus war ein Hoffnungsträger, der sich bald in vielen Punkten als bloßer Ankündigungspapst entpuppte. Er sprach in lockeren Interviews über alle Themen so freimütig, dass viele vor Begeisterung strahlten: über den Umweltschutz und die Armen, über die Geflüchteten und die Homosexuellen. Dann jedoch wurde nichts umgesetzt, ja, es blieb beim alten Zentralismus und bei der medialen Inszenierung eines klerikalen Oberhirten. Er fühlt sich wohl bei den Armen, geißelt den Kapitalismus und redet über Blumen und Tiere. Zugleich scheint er selbst ein klerikaler Macho mit einem antiquierten Frauenbild zu sein, denn er verteidigt die exklusive Weihegewalt der männlichen Kleriker. Frauen können demnach nicht geweiht werden, weil sie damit klerikal würden, dafür seien sie aber zu gut. Auch Macht tut Frauen nicht gut, weil sie die »Mütterlichkeit Mariens« widerspiegeln. Geistliche Männer sollen scheinbar unter sich bleiben. Damit verstärkt Franziskus jene männerbündischen Strukturen, die der Nährboden für die Vertuschung von sexualisierter Gewalt sind. Er schaut an den systemischen Ursachen vorbei, weil er das System retten will.

Dieses System will unbedingt und mit allen Mitteln an der Macht bleiben. Es funktioniert wie die Hofhaltung im Absolutismus. Je näher man dem Monarchen kommt, desto mehr Ansehen hat man. Deshalb gibt es bei Hofe nicht viele denkende Menschen, sondern eher buckelnde. Man dient sich hoch, man fühlt sich geehrt, wenn man überhaupt wahrgenommen und vorgelassen wird. Im Vatikan sitzen oft nur zweit- und drittklassige Theologen, denn wer wirklich etwas kann, will da nicht hin. Wer aber da ist, kann über seine Kollegen hoffärtig zu Gericht sitzen. Es kommt wie von selbst zu unglaubwürdigem Handeln, ja, zu Scheinheiligkeit. So hat der polnische Priester Krzysztof Charamsa im Auftrag des damaligen Präfekten der Glaubenskongregation, Joseph Ratzinger, ein Schreiben verfasst, das begründen sollte, warum homosexuell veranlagte Männer nicht die Priesterweihe empfangen können. Krzysztof Charamsa war selbst homosexuell, hat sich später geoutet und wurde aus dem Priesterdienst entlassen. Er ist nicht der einzige. Selbst Papst Franziskus hat einmal über die homosexuellen Seilschaften im Vatikan gesprochen. Immer wieder hört man auch von zwielichtigen Verwicklungen der Vatikanbank, von undichten Stellen (*Vatileaks*), von Verbindungen zu konservativen geistlichen Gemeinschaften, die im Auftrag des Vatikans und zum eigenen Vorteil weltweit die Fäden ziehen.

Wie kann eine solche Institution über den Glauben anderer wachen und wichtige ortskirchliche Entscheidungen an sich ziehen? Noch ähnelt die Kurie dem Hof eines Monarchen, einer kommunistischen Parteizentrale und den Familienstrukturen der Mafia. Nach einer grundlegenden Reform könnte sie die Verwaltungszentrale für eine polyzentrische Weltkirche sein. Sie könnte Synoden organisieren und Konzilien vorbereiten. Aber bis dahin ist es noch ein weiter Weg. Ich werde es wohl nicht mehr erleben, dafür ist der Vatikan – wie jede Verwaltung – zu selbstreferentiell und behäbig. Die römische Kirchenzentrale wird wahrscheinlich erst reformiert, nachdem sie eine Zeitlang klein und bedeutungslos gewesen sein wird.

Diözesen – die bürokratische Erstarrung

Die volle Amts- und Weihegewalt liegt allein beim Bischof. Er ist der Monarch. Die Bischofskonferenzen haben demgegenüber keine Macht, denn jeder Bischof ist frei, sich an deren Vorschläge und Beschlüsse zu halten oder eben nicht. Auch heute gibt es unter den Bischöfen einige Fürsten, eigentlich ein Anachronismus. Es liegt am Charakter und am Wohlwollen des Bischofs, ob er moderiert oder regiert, ob er ein Seelsorger ist oder ein autoritärer Chef. Letzteres kann er auch unter dem Deckmantel einer weitabgewandten oder gar skurrilen Frömmigkeit sein.

Das Zweite Vatikanische Konzil war eine Bischofsversammlung, die das Amt des Bischofs in den Fokus gerückt hat. Entsprechend werden die Diözesen als Ortskirchen bezeichnet, hier entfaltet sich das Wesen von Kirche in die Welt hinein, die einzelnen Pfarreien und Gemeinden sind demgegenüber unbedeutend. Vor Ort jedoch werden diözesane Strukturen weniger wahrgenommen, ein Bistum gilt als notwendige Verwaltungseinheit, als Einnahme- und Verteilungsstelle für die Kirchensteuer, vielleicht noch als Träger von Bildungshäusern, Priesterseminar und Kirchenzeitung. Von einer am Bischof oder Bistum ausgerichteten christlich-kirchlichen Identität habe ich bisher noch nichts bemerkt. Bei Visitationen und Firmungen jedenfalls wirkt der eingeflogene Bischof oder Weihbischof zumeist nicht nur fremd, sondern geradezu weltfremd. Das war nicht immer so.

Als beispielsweise Clemens August von Galen, der Bischof von Münster und spätere Kardinal, während des sogenannten Dritten Reiches seine berühmten Predigten gegen die systematische Euthanasie hielt, konnte er seine Zuhörer noch mit »Meine lieben Diözesanen« ansprechen. Der Bischof stand zu seinem Bistum, das Bistum stand zu seinem Bischof. Er war ein Mann, zu dem man buchstäblich aufschaute. In dunkler Zeit war er die personale Identität einer Ortskirche. Obwohl er kein begnadeter Prediger und Theologe war, hing das Volk an seinen Lippen. Er bot den Menschen einen Halt, indem er Haltung zeigte.

Sein Generalvikariat hatte damals 37 Angestellte. Zugegeben, es war eine andere Zeit, und die Bistumsverwaltung hatte tatsächlich weniger Arbeit zu erledigen. Man schrieb den Gemeinden allerdings auch nicht so viel vor, sondern beschränkte sich darauf, deren Vorhaben zu genehmigen, insofern diese genehmigungspflichtig waren. Heute hat dieselbe Institution fast 600 Angestellte und folgt dem Trend des Bürokratieaufbaus, der auch in anderen Institutionen grassiert. Noch dazu gibt es die regionalen Verwaltungszentralen auf Dekanats- und Gemeindeebene. Die Zeiten haben sich geändert, die Welt ist komplizierter geworden, es gibt mehr Gesetze und Kontrollen, aber zu denken gibt die Aufblähung der Verwaltung doch: »Wer nur den lieben Gott verwaltet?«

Als ein Pfarrer noch bis zum Tod in seiner Gemeinde blieb und es auch keine weiteren pastoralen Berufsgruppen gab, musste die Personalabteilung weniger Versetzungen vornehmen als heute. Als der Kirchenhaushalt noch von niemandem in Frage gestellt oder gar geprüft wurde, sondern das Geld nach Gutdünken über den so genannten *Prälatenweg* verteilt wurde, brauchte man weniger Menschen für die Finanzverwaltung. Und als es noch weniger diözesane Gremien gab, waren auch weniger Hauptamtliche nötig, die deren Treffen zu organisieren hatten. Das alles ist nachvollziehbar und selbstverständlich. Eine gute Verwaltung ist das beste Mittel gegen Korruption.

Es gibt aber auch Abteilungen, die alles das, was eine Gemeinde braucht oder hat, einfach nur in die Verwaltung hinein spiegeln. Referentinnen und Referenten für die Verbände zum Beispiel, für die Seelsorge mit Senioren und Kranken, für Katechese und Spiritualität. Alles, was vor Ort sowieso geschieht, wird in der Zentrale zum Verwaltungsakt. Seelsorgeämter verwalten und vernetzen so ziemlich alles, was es ohne sie auch gäbe. Zentralismus ist eine Form von Angst, die davon ausgeht, dass vor Ort keine Experten sind. Kontrollzwang entsteht dort, wo das Vertrauen schwindet. Selbst Liturgie und Kirchenmusik – alles hat eine Entsprechung in der Verwaltung. Und wird dann weiter vernetzt in andere Diözesen, so dass der Bedarf an Konferenzen niemals ausgeht, und sei es nur zum persönlichen Kennenlernen der Kolleginnen und Kollegen, zum Erfahrungsaustausch über Gott und die Welt.

Um diese Mitarbeiterinnen und Mitarbeiter zu beschäftigen, werden Meetings abgehalten und Fachzeitschriften herausgegeben, und zwar weitaus mehr, als man besuchen oder lesen kann. Alle diese Stellen leben nicht nur von der Kirchensteuer, sie sind durch diese erst möglich geworden. Als die Kirchensteuer noch reichlich floss – und sie fließt derzeit trotz Corona, Kirchenaustritten und Wirtschaftslage noch für eine gewisse Zeit – konnte sich die Kirche diesen Luxus erlauben. Nur wie lange noch?

Würde – wie etwa in der Schweiz – die Kirchensteuer an die Pfarreien und nicht an die Diözesen gehen, gäbe es das alles nicht. Oder es gäbe nur so viel davon, wie man auf Gemeindeebene zulässt, wie es also den Christinnen und Christen vor Ort sinnvoll erscheint. Es ist wie überall: Wer das Geld hat, regiert. Vielen ist längst klar, dass es einen Bürokratieabbau geben muss. Trotzdem werden weiter mehr Menschen eingestellt: Verwaltungsdirektoren zur Entlastung des Generalvikars, persönliche Referenten zur Entlastung des Bischofs, ein ganzes Heer von Journalisten für die bischöfliche Hofberichterstattung, Juristen für die allgemeine Regelungswut, Sachbearbeiter zur Bearbeitung der massenhaften Kirchenaustritte, Revisoren und Haushaltsprüfer, Fortbildungsreferenten für das Seelsorgepersonal, die gar nicht ausgelastet sind, weil das Seelsorgepersonal zwischen den Fortbildungen auch einmal arbeiten muss.

Ich kenne und schätze viele dieser Kolleginnen und Kollegen. Und wundere mich dennoch oft darüber, dass sie in den Gemeinden nur sehr vereinzelt auftauchen. Offenbar ist die Kirche auf Verwaltungsebene ein ganz normaler Arbeitgeber. In Krisenzeiten müssen die Kolleginnen und Kollegen bisweilen dafür sorgen, dass ihre Arbeitsstellen erhalten bleiben. So kommt es zu typischen Selbsterhaltungsmechanismen wie bei staatlichen Behörden auch. Außenstehende wundern sich manchmal über die zeitliche Länge der Konferenzen, über andauernde Umstrukturierungsprozesse mit teuren Unternehmensberatern, über das Wegducken derjenigen, die auf Stellen sitzen, die längst überflüssig geworden sind.

Es bleibt zu wünschen, dass eine Diözese wieder als geistliche Einheit gesehen wird, dass sie Pfarreien und Gemeinden, Seelsorgerinnen und Seelsorger zusammenschließen und ermutigen kann. Die verbleibenden finanziellen Ressourcen sollten dazu genutzt werden, die Zukunft zu gestalten, anstatt nur die Vergangenheit in Form von Gebäuden und Strukturerhalt zu verwalten. Das personale Angebot steht vor den Sachen, die Verkündigung vor den Immobilien, das Evangelium vor dem Kirchenrecht. Eine starke Gemeinde wird mit dem Bistum solidarisch sein, wenn sie subsidiär handeln kann und in Entscheidungsprozesse partizipativ eingebunden wird. Ein bescheiden und wertschätzend auftretender, pastoral und theologisch kompetenter Bischof kann auch die Menschen vor Ort für die Einheit der Kirche gewinnen. Ein vom Volk für eine begrenzte Amtszeit gewählter Bischof würde das Misstrauen zwischen Leitung und Basis abbauen und die Solidarität zwischen Bistum und Gemeinden stärken.

Pfarreien – das Ende der Kuschelecke

»Die Kirche soll vor allem Heimat bieten.« So etwas höre ich in meinen fünf Gemeindeteilen, die einmal selbstständige Gemeinden waren und nun juristisch zu zwei Pfarreien fusioniert worden sind, oft. Für viele Menschen bewahrt die Kirche in dieser schnellen, bunten Welt das letzte Stück Heimat, das ihnen geblieben ist. Deshalb wollen sie, dass es dort harmonisch zugeht. Sie möchten sich wohlfühlen in ihrer Gemeinde und schöne Feste feiern, besonders an den Wendepunkten des Lebens: Geburt, Heirat, Tod. Sie restaurieren ihre Gebäude und feiern schöne Jubiläen. Damit sind unsere Kirchengemeinden – auch – Verwaltungseinheiten für schöne Gefühle.

Ich kann das gut verstehen. Auch ich habe zu Hause glauben gelernt. Mit meiner Heimatkirche, die mittlerweile zum Teil abgerissen worden ist, verbinde ich die frühesten Erfahrungen kindlicher Geborgenheit und meine wichtigsten Glaubenszeugen. Doch wenn ich aus der Enge dieser bürgerlichen Stadtrandgemeinde nicht aufgebrochen wäre, steckte mein Glaube immer noch in den Kinderschuhen. Denn die Herausforderung des Evangeliums heißt nicht Heimat, sondern Aufbruch. Es geht darum, aufzubrechen in die Nachfolge Jesu Christi. Diesen Aufbruch jedoch wagen nicht viele, für die meisten bedeutet Glauben einfach Geborgenheit. Da sind junge Menschen, die haben das volle kirchliche Programm mitgemacht: Taufe, Erstkommunion, Firmung. Inklusive Jugendarbeit. Wenn sie ins Studium gehen, verschwindet mit der Heimat auch die Kirchenbindung. Die meisten sind dann für immer fort; manche finden wieder zum Glauben, wenn sie eigene Kinder haben; einige knüpfen an die Erfahrung ihrer Jugendzeit an, wenn sie nach der Ausbildung zum Heimatort zurückgekehrt sind. Besonders heimatlich wird es an Weihnachten: Man ist bei seinen Verwandten zu Besuch. Zusammen mit ihnen feiert man die Gefühle von einst und nutzt dafür den Rahmen christlicher Rituale.

Traditionen sind wichtig, sie sind das Geländer auf den Stufen des Lebens und geben Sicherheit und Halt. Tradition ohne Inhalt aber verkommt zur Folklore. So wird Kirche zur kollektiven Regression, zu einem Heimatverein mit folkloristischen Elementen, zu einem Rahmen ohne Bild, einer Form ohne Inhalt. Hand aufs Herz: Stille und Besinnung werden auch in vielen Christengemeinden mit Gemütlichkeit und Glühwein identifiziert, mit netten Geschichtchen und Gedichtchen, und nicht mit einer erneuerten Hinkehr zu Jesus Christus.

Ich finde das alles gar nicht so schlimm, wie es sich vielleicht anhört. Denn in alledem liegt ja doch eine tiefe Sehnsucht verborgen: die Sehnsucht nach Geborgenheit, nach jener letzten Heimat, die wir Gott nennen. Vielleicht liegt darin ja sogar eine Motivation, auch anderen Menschen Heimat zu geben, Geborgenheit zu gönnen und damit dem Frieden zu dienen. Deshalb biete ich gerne diesen emotionalen Service. Dennoch dürfen Christen vor lauter Geborgenheit den Anspruch Jesu nicht vergessen. Gemütlichkeit war noch nie provozierend. Ich glaube: Eine Gemeinde, die unterwegs und lebendig bleibt, die aufbricht – nur eine solche Gemeinde kann auch Heimat bieten!

Denn Glauben bedeutet zunächst Aufbruch. Das erste Wort in der Bibel, das Gott zu einem wirklichen Menschen, nämlich zu Abraham, sagt, ist: »Ziehe fort aus deinem Land, von deiner Verwandtschaft und aus deinem Vaterhaus in das Land, das ich dir zeigen werde!« (Genesis 12,1). Und im Aufbruch ins gelobte Land, dem Exodus, hat Israel seinen Ursprung: Gott schenkt Freiheit, aber dafür muss sich sein Volk auf den Weg machen. Auch im Neuen Testament geht es um Aufbruch. Jesus selbst war ein Heimatloser, er gründet kein Kloster und keine Kirche. Vielmehr ruft er in die Nachfolge ohne Wenn und Aber (Lukas 9,57–62). Ihm geht es um das Wagnis der Nachfolge, nicht um Sicherheit. Seine Jünger sollen sich nicht einrichten, sondern unterwegs bleiben. Für die Verkündigung des Evangeliums, sagt Jesus, brauchen sie nichts außer einem Wanderstab, »kein Brot, keine Tasche, kein Geld im Gürtel, (…) keine zwei Röcke« (Markus 6,8 f.). Christsein geht mit wenig Gepäck, aber aus ganzem Herzen. Hauptsache, es geht los! Die Verklärung Jesu auf dem Berg Tabor (Matthäus 17,1–8; Markus 9,2–8; Lukas 9,28–36a) ist eigentlich eine etwas voreilige Ostergeschichte. Jesus und die Jünger dürfen erfahren, worauf es letzten Endes hinauslaufen wird, eine lichtvoll-österliche

Perspektive als Bergerlebnis zum Durchatmen. Das soll ihnen Mut und Zuversicht geben für den bevorstehenden Leidensweg, denn der nächste Berg heißt Golgota. Petrus will drei Hütten bauen, sich also einrichten, die Szene festhalten, eine beinahe faustische Versuchung: »Verweile doch, oh Augenblick, du bist so schön!« Doch die Erfahrung des Leidens und die Perspektive von Ostern taugen nicht als Heimat, sondern nur im Aufbruch. Es muss weitergehen. Man muss dranbleiben.

Die frühe Kirche hat das gut verstanden. Im ersten Petrusbrief des Neuen Testaments schreibt der Autor »an die Fremden in der Zerstreuung« (1 Petrus 1,1). Die ersten Christen sahen sich in der Welt als Fremde, deren eigentliche Heimat nur Gott selbst sein konnte. Sie waren die *Ekklesia Gottes*, das bedeutet die Herausgerufenen, die Herausgeforderten. Und sie lebten in der Diaspora, also in der Zerstreuung: unbehaust und fremd. Christen sind herausgefordert, in der Welt heimatlos zu bleiben, damit sie bereit sind zum Aufbruch. Ausgerechnet das heutige Wort *Pfarrei* atmet noch die Heimatlosigkeit der ersten Christen, denn Pfarrei kommt von griechisch *paroikía*, was soviel heißt wie *hauslos*. Denn wer sich in der Kirche allzu sehr einrichtet, der richtet im Glauben bald nichts mehr aus.

Ich will die Glaubensheimat so vieler gar nicht schlecht machen. Es ist ein Urbedürfnis, irgendwo zu Hause sein zu wollen, für die Seele ein Dach zu haben. Wer sich jedoch selbst genügt, den wird wohl niemand mehr nach Jesus fragen. Heimat ist in der Bibel kein Bild für die Welt, erst recht nicht für die Kirche, sondern allein für das Leben in Gott: »Unsere Heimat aber ist im Himmel« (Philipper 3,20). Dort hat Jesus eine Wohnung bereitet (Johannes 14,2), so dass Paulus sagen kann: »Denn wir wissen, dass wir, wenn unser irdisches Wohnzelt abgebrochen wird, einen Bau von

Gott empfangen, ein nicht von Händen errichtetes, ewiges Haus im Himmel« (2 Korinther 5,1).

Ganz bestimmt gehört im Glauben beides zusammen: Heimat finden und aufbrechen! Man darf weder das eine noch das andere aus dem Blick verlieren. Eine Gemeinde, die um sich selbst kreist, verliert ihre Identität; sie wirkt müde und hat nur wenig Ausstrahlung. Es muss etwas zu spüren sein von der Herausforderung zur Nachfolge, eine heilige Unruhe, die hinweist auf eine große Hoffnung.

Genauso müssen Christen mit beiden Beinen auf dem Boden stehen, mitten in der Welt müssen sie ihren Platz einnehmen. Im ersten Timotheusbrief fragt ein Paulusschüler ganz richtig: »Denn wenn einer dem eigenen Hauswesen nicht vorzustehen weiß, wie soll er da für die Gemeinde Gottes Sorge tragen?« (1 Timotheus 3,5). Im besten Fall also kennt man sich mit beidem aus: Mit Spiritualität und Ökonomie, mit Geistlichem und Weltlichem, mit Mystik und Politik. Wer sich nach der Heimat sehnt, die nur Gott bereiten kann, der bleibt zum Aufbruch bereit; wer sich in der Welt noch ein wenig fremd fühlt, wird sensibel für das Heimatrecht, das Gott ihm schenkt. Christen sind in der Welt, aber nicht von der Welt, mit beiden Füßen auf der Erde und mit ganzem Herzen bei Gott.

In den letzten Jahrzehnten funktionierten viele unserer Gemeinden wie religiöse Heimatvereine. Mit ihren Gremien und Vorständen, mit Sitzungen und Satzungen, mit Pfarrfesten und schönen Familiengottesdiensten. Und vor allem mit dem liturgischen Rundum-Wohlfühl-Paket von der Wiege bis zur Bahre: Kirche als Sahnehäubchen auf dem bürgerlichen Leben; mehr Christentümlichkeit als Christentum, mehr religiöses Gefühl als Nachfolge Jesu. Kein Wunder, dass viele Gemeinden fast nur noch diejenigen Milieus ansprechen, die auf solche schönen Heimatgefühle Wert legen. Milieu ohne Profil aber ist langweilig. Wo bleibt da das Provozierende des Evangeliums, die Herausforderung Jesu zu einem ganz anderen Leben?

Fast schon ist es aufgelöst, dieses christliche Milieu. Die Entscheidung für Jesus ist längst wichtiger geworden, als bloß irgendwie bei Kirchens mitzumachen. Damit ist eine Situation da, die derjenigen der Urkirche ziemlich ähnlich ist: Kirche in der Zerstreuung, Christsein in der Fremde. Unbehaust werden die Gemeinden sein, sie werden sich behaupten müssen mit Argumenten und persönlicher Glaubwürdigkeit – statt nur mit dem Gefühl von »Lasst uns miteinander« und »Ach, wie nett«.

Die Gemeinden müssen bewusster mit Jesus leben. Sonst bleibt auf oberer Ebene nur ein Sozialkonzern und auf Gemeindeebene nur eine Kuschelecke für Herz, Schmerz und dies und das. Es geht um Gott: Die Gottesfrage ist die Frage des modernen Menschen – wenn überhaupt –, und deshalb kann und darf man den Glauben nicht mehr einfach voraussetzen. Die Freiheit zu glauben wächst, und das ist gut fürs Profil. Nur was deutlich und eindeutig ist, stiftet Identität. Die Fragen, die Christen dabei zu stellen haben, sind ganz einfach. Es sind die Fragen nach dem Sinn und dem Ziel des Lebens. Nur wer auf diese Fragen eine Antwort sucht, ist überhaupt empfänglich für das Evangelium. Das Zeugnis des Lebens, das Christen der Welt schuldig sind, ist ein guter Hinweg zum Glauben. Es muss aber ergänzt werden durch das Zeugnis des Wortes: Christen müssen auskunftsfähig werden, sie müssen lernen, von dem zu sprechen, für den sie stehen, von Jesus Christus. Dazu brauchen die Gemeinden mehr Bildung, eine verständliche Theologie und bessere Möglichkeiten zu spiritueller Erfahrung.

Eine wichtige geistliche Erfahrung ist für mich: heimatlos in der Welt, zu Hause in Gott. »Geheimnis« ist dafür ein sprechendes Wort: Nur im Geheimnis Gottes bin ich wirklich daheim. Die Vorsilbe »Ge« weist im Deutschen immer auf ein Gesamt hin. Das Gesamt von Berg zum Beispiel ist ein Gebirge, die Gesamtheit von Bau ein Gebäude. Geheimnis bedeutet dann die Gesamtheit von Heim, die größtmögliche Fülle von Heimat. So ist Gott selbst mein Zuhause. Und das Gebet, denn dort erfahre ich jene Geborgenheit, die ich brauche, um immer wieder aufbrechen zu können. Ähnlich ist es mit dem Gottesdienst: Das »Geheimnis des Glaubens« schafft Identität und macht Mut für das Tun des Glaubens im Alltag.

Gott ist unser Geheimnis. Wer mit ihm auf dem Weg bleibt, weist damit hin auf ein großes Ziel. Eine Kirche, die aufbricht, die im Namen Jesu für andere da ist – nur eine solche Kirche kann Heimat bieten. Meister Eckart, der deutsche Mystiker des Mittelalters, sagt: »Gott ist in uns daheim. Wir sind in der Fremde.«

Das Christentum neu denken und leben

Eine Kollegin erzählte, sie habe im Rahmen der Firmvorbereitung mit den Jugendlichen »sehr tiefgehende Gespräche« geführt, die »an die Substanz gegangen« seien. Ihre Frage an die Firmanden war: »Glaube ich und was erwarte ich von der Kirche?« Ich finde es bezeichnend, dass Glaube und Kirche noch immer in einem Atemzug genannt werden. Das passiert eigentlich nur noch Seelsorgerinnen und Seelsorgern, die in den Resten der Volkskirche katholisch sozialisiert worden sind. Sie sind in einer Zeit aufgewachsen, in der Christsein zu hundert Prozent verkirchlicht war. Glaube und Kirche in einem Atemzug zu nennen, klingt so, als könne man nur in der Kirche und wie die Kirche an Gott glauben. Gott aber ist größer als die Kirche.

In der Postmoderne mit ihrem starken Individualismus muss man Glaube und Kirche beherzt voneinander trennen, die Verkirchlichung des Glaubens abstreifen. Ich gebe zu, dass auch mir das schwerfällt, denn auch ich habe in der Kirche glauben gelernt, ich verdanke ihr meinen Glauben. Heute aber muss die Botschaft Jesu ihre Relevanz in sich selbst und für die Welt haben, erst dann kommt das Thema Kirche vielleicht ins Spiel. Dietrich Bonhoeffer hat dies bereits in seinem frühen Buch *Nachfolge* treffend auf den Punkt gebracht: »Jeder tritt allein in die Nachfolge, aber keiner bleibt allein in der Nachfolge. Dem, der es wagt, Einzelner zu werden vor dem Evangelium, dem wird die Gemeinschaft der Gemeinde geschenkt.« Wer Christ wird, der wird es um Jesu willen und findet anschließend Gleichgesinnte. In der Zeit der Volkskirche war es gerade umgekehrt: Man wurde zuerst Kirchenmitglied und dann vielleicht Christ. Aber auch nur dann, wenn man es wagte, althergebrachte kirchliche Traditionen und Konventionen zu hinterfragen und eine persönliche Freundschaft mit Jesus zu beginnen. Nur wenige haben Jesus in diesen Konventionen gefunden, manche darüber hinaus, die meisten wohl gar nicht.

Ein von einer Kirche verwalteter Gott ist im postinstitutionellen Zeitalter nicht mehr glaubhaft. Seit der Erfindung des Katholizismus durch den römischen Zentralismus im Ersten Vatikanischen Konzil wurde Gott fast ausschließlich kirchenförmig gedacht. Wer sich innerhalb des kirchlichen Regelwerks befand, konnte fest davon ausgehen, auch vor Gott gut dazustehen. Ein kirchenförmiges und papstgehorsames Leben war zugleich ein gottesfürchtiges, gottgefälliges Leben. Von solchen Vorstellungen wäre

Jesus weit entfernt gewesen. Er hat sich den Zöllnern und Sündern zugewandt, mit den Ausgeschlossenen gegessen und das religiöse Establishment heftig attackiert wegen dessen Heuchelei und Machtgebaren. Die Kirche muss deshalb wieder eine Jesusbewegung werden wie ganz am Anfang. Man kann seine eigenen Kirchenträumereien nicht einfach in urkirchliche Situationen zurückprojizieren, denn diese sind uns unmittelbar gar nicht zugänglich, vielmehr wurden sie bereits im Neuen Testament zu Verkündigungszwecken österlich geschönt. Aber man darf genauso wenig eine bestimmte historische Kirchengestalt für die einzig wahre halten, denn dies wäre ebenfalls sehr subjektiv, die meisten Traditionalisten etwa wollen nur die idealisierte Kirche ihrer Kindheit zurückhaben. Wie dem auch sei: Die Kirche muss wieder eine Jesusgemeinschaft werden.

Wir brauchen Jesusjüngerinnen und Jesusjünger, und nicht nur »Nachfolger der Apostel«, wie sich die Bischöfe gerne nennen, um ihre Autorität als gottgegeben und im Formalismus lückenloser Handauflegungen (apostolische Sukzession) als historisch gewachsen hinzustellen. Jesus hat Jünger berufen und gesandt, die Apostel sind eine nachösterliche Entwicklung, sie sind die Auferstehungszeugen, ihr durchorganisiertes Kollegium mit Petrus an der Spitze ist ein Narrativ, das erst von Ostern her zu verstehen ist. Soll das Evangelium in der Welt von heute Gestalt gewinnen, muss es von Jesus her gelebt werden. Historisch ist das zwar nicht ganz eindeutig zu trennen: Jesus und die Apostel, das Evangelium Jesu und seine Überlieferung und Ausformung. Man kann das Rad der Kirchengeschichte nicht zurückdrehen. Aber ich denke, dass die Richtung deutlich wird: Zuerst kommt Jesus, dann die Kirche; zuerst müssen Menschen mit ihm in Kontakt kommen, vermittelt und angezogen durch Jesusjünger und durch Amtsträger, die eben auch Jesusjünger sind. Jesusjünger können andere

Menschen gewinnen, Amtsträger müssen zunächst so viele Vorbehalte, auch so viel kirchengeschichtlichen Schutt beiseite räumen, dass sie kaum darauf zu sprechen kommen können, was sie ganz persönlich an Jesus fasziniert. Vielleicht genügt es, schlichtweg zu akzeptieren, dass die Kirche an Bedeutung verliert. Es ist aber viel gewonnen, wenn diejenigen, die bei der Kirche arbeiten oder sich ehrenamtlich engagieren, nicht nur Werbung für ihren Verein machen, sondern schlicht und einfach von Jesus Zeugnis geben. Niemand will heute durch einen Verein vereinnahmt werden, aber vielleicht lässt er sich von einem glaubhaften Zeugnis anziehen, von Jüngerinnen und Jüngern, die für Jesus »brennen« und sich von daher vergemeinschaftet haben. Das Zeugnis kommt nicht durch, sondern bestenfalls mit dem Verein.

Die Berufung von Jesusjüngern ist im postmodernen Individualismus nicht mehr institutionell zu regeln, zu strukturieren oder gar zu verordnen. Das mag der Grund dafür sein, dass beispielsweise die *Diözesanstellen Berufe der Kirche*, die von den Bischöfen immer noch reichlich ausgestattet und in ihrer Wichtigkeit gestärkt werden, flächendeckend erfolglos sind. Sie können noch so viele Gebetsheftchen drucken, sich in sozialen Medien einen modernen Anstrich geben und zu Kennenlernveranstaltungen in kirchliche Ausbildungsinstitute einladen, es wird ihnen nicht gelingen, Jesusnachfolger zu finden und diese dann auch noch zur Übernahme eines Weiheamtes zu bewegen, selbst wenn der Fokus mittlerweile auf allen kirchlichen Berufen und der gemeinsamen Berufung aller Christen liegt. Eine Institution kann keine Jünger machen, denn Jünger machen Jünger, sie ziehen sich gegenseitig an und mit. Im Idealfall arbeiten auch in der Institution Jüngerinnen und Jünger, aber das wäre dann ein Charisma, das amtlich nicht zu verwalten und auf dem Gehaltszettel nicht zu fassen ist.

Das Markusevangelium beginnt mit der ersten Predigt Jesu: »Die Zeit ist erfüllt und das Reich Gottes ist nahe. Kehrt um und glaubt an das Evangelium!« (Markus 1,15). Direkt im Anschluss an diese erfrischend kurze Predigt beruft er seine ersten Jünger: Andreas und Simon, Jakobus und Johannes. Im Johannesevangelium wird erzählt, wie Johannes der Täufer seine Jünger zu Jesus weiterschickt und dann Andreas seinen Bruder Simon hinzugewinnt. Hier begeistert einer den anderen, und die Sache Jesu geht weiter (Johannes 1,40–42). Die Einladung und das Zeugnis sind heute wirkungsvoller als eine strukturierte Gemeinschaft, die notwendigerweise zunächst für sich selbst werben muss. Selbstverständlich braucht alles Geistige und Geistliche eine Struktur, das ist das inkarnatorische Prinzip. Es ist nur die Frage, was zuerst kommt: Die Botschaft, die begeistert, oder die Struktur, die organisiert; eine Vision, die anzieht, oder eine Verwaltung, die lähmt.

Eine solche, ganz und gar von Jesus geprägte Kirche wird eine kleine und arme, gesellschaftlich vielleicht zunächst bedeutungslose Kirche sein. Sie wird alles Institutionelle abstreifen und allein durch ihre Taten glänzen, durch gute Argumente anstatt durch Autorität. Sie wird nicht mehr nur der Rahmen einer bürgerlichen Zivilreligion sein, die das Leben strukturiert und dadurch erträglich macht. Wir dürfen deshalb allen Ballast abwerfen und darauf vertrauen, dass Gott seine Kirche nicht fallenlässt. Würde die Kirche nur noch als Institution funktionieren und nicht als Jesusgemeinschaft lebendig sein, so wäre dies ein untrügliches Zeichen dafür, dass auch Gott seinen Glauben an die Kirche verloren hätte. Der Erfolg der Urkirche jedenfalls ist darauf zurückzuführen, dass jede und jeder unterschiedslos angenommen wurde, was in der Antike ansonsten überhaupt nicht üblich war. Gemeinsam mit der Auferstehungshoffnung war das eine wahrhaft anziehende Perspektive, eine Botschaft mit Ausstrahlung.

Warum trenne ich so scharf zwischen Evangelium und Kirche? Ich habe den Eindruck, dass einige der Kirchenoberen und auch der Kirchenmitglieder den Glauben nicht neu denken und leben wollen. Manche von ihnen gehen davon aus, dass Menschen eben schlucken müssen, was an Kirche da ist, und allein dadurch Christen werden. Vor der Nachfolge Christi steht für sie die Akzeptanz der heiligen Institution und der Gehorsam gegenüber ihrer Lehrautorität. Das ist aber nicht so. Kirche muss sich ändern, sich reformieren und damit starke Zeichen setzen. Ansonsten geht die spirituelle Entwicklung an ihr vorbei. Was aber wird die Kirche in der Zwischenzeit mit all ihren Institutionen machen? Darüber war in diesem Buch bereits die Rede. Sie muss ihre Kindergärten, Kranken- und Bildungshäuser freilassen, damit sie selbst darin nicht mehr institutionell bestimmen, sondern nur noch argumentativ und zeugnishaft mitmischen kann. Damit verliert sie zwar alle Macht, aber nur dann kann sie auch wieder das Evangelium in Freiheit anbieten. Pfarreien werden sich weiterhin damit beschäftigen, Kinder zu taufen und zur Erstkommunion zu führen, Jugendliche zu firmen, Brautpaaren bei der Trauung zu assistieren und Tote mit Würde und Hoffnung zu bestatten. Eine Institution kann das. Sie kann damit aber bestenfalls den Glauben feiern, der schon da ist, neue Aufbrüche aber nicht bewirken. Das tun nur Jüngerinnen und Jünger. Je mehr die Kirche ihre Institutionen freilässt und damit ihre Macht verliert, desto mehr Freiheit wird sie ausstrahlen. Jesusjüngerinnen und Jesusjünger brauchen diese Freiheit. Sie möchten nicht andauernd zuerst um Entschuldigung für Unzulänglichkeiten einer aus der Zeit gefallenen Institution bitten müssen, bevor sie ihren Glauben in Wort und Tat bezeugen können.

Dranbleiben – aber wie?

- die Gegenwart annehmen: Gott ist immer neu – und immer hier und jetzt
- das Unausweichliche als Herausforderung und Chance sehen
- der Versuchung widerstehen, vor anderen etwas Besonderes zu sein – alle sind berufen und gesandt, jede und jeder ist von Gott in Dienst genommen
- die zentralen Verwaltungen nicht allzu ernst nehmen – auch sie werden sich verändern, allerdings erst ganz zuletzt
- verbindlich und verlässlich Gemeinde sein, die Heimat bietet und aufbricht
- Jesusjüngerin oder Jesusjünger werden, statt nur Kirchenmitglied zu sein

Meine Erfahrung mit Gott

Auf den vorangegangenen Seiten war vom Dranbleiben die Rede, aber noch mehr von Dingen, die fragen lassen: Warum tut man sich das noch an? Was hält mich, dich, uns in der Kirche? Und das gilt eben nicht nur für Laien. Der Klerikalismus fordert auch die Kleriker heraus, lässt auch grübeln und zweifeln. Insofern dürfte man sich nach diesem ersten Kapitel wundern und fragen, welche Gründe man hat, welche Gründe ich habe, »dranzubleiben« – trotz und mit der Kirche. Vorab gesagt: Meine Glaubenserfahrung ist seit Kindertagen von Geborgenheit und Zuversicht geprägt, mit Entwicklungen und Krisen, mit Höhen und Tiefen. Dafür bin ich Gott unendlich dankbar. Nichts und niemand kann mir diese Erfahrung austreiben, nichts und niemand mich von Gottes Liebe trennen (Römer 8,31–39), nicht einmal die real existierende Kirche.

Jesus, sei mir Jesus!

Zu den wenigen Heiligen, für die ich mich begeistern kann, zählt Philipp Neri. Er wurde 1515 in Florenz geboren, wirkte bis zu seinem achtzigsten Lebensjahr als Seelsorger in Rom und sah fünfzehn Päpste kommen und gehen. Er galt als eifriger Priester, lebte selbst sehr bescheiden und machte Sozialarbeit und geistliche Begleitung. Dabei war er so ganz anderes als seine Zeitgenossen: Theresa von Avila und Johannes vom Kreuz waren vor allem Mystiker, Ignatius von Loyola war vorrangig von starkem Willen und Verstand geprägt. Für Philipp Neri war es der Humor, der ihm eine sehr gesunde Distanz zu manchen Missständen in der Kirche schenkte, ihn unabhängig machte von Kirchenpolitik und Machtgeklüngel.

Philipp Neri betet: »Ich möchte dir dienen, und ich finde den Weg nicht. Ich möchte das Gute tun, und ich finde den Weg nicht. Ich möchte dich lieben, und ich finde den Weg nicht. Ich kenne dich noch nicht, mein Jesus, weil ich dich nicht suche. Ich suche dich, und ich finde dich nicht; komm zu mir, mein Jesus. Ich werde dich niemals lieben, wenn du mir nicht hilfst, mein Jesus. Zerschneide meine Fesseln, wenn du mich haben willst, mein Jesus. Jesus, sei mir Jesus.« Aus diesem Gebet spricht eine tiefe Demut. Philipp ist kein Kleriker, der Gott zu besitzen, zu verwalten und von daher zu vermitteln vorgibt. Er schenkt Gott seinen guten Willen, gesteht aber auch seine Mühsal und sein Versagen ein. Er möchte gerne glauben, weiß jedoch, dass er nur glauben kann, wenn Gott ihm dieses Vermögen schenkt. Für Philipp liegt die Initiative bei Jesus. Ihn bittet er, ihm glauben zu helfen, was er in den kleinen, beinahe paradoxen, aber intuitiv leicht zu verstehenden Satz bündelt: »Jesus, sei mir Jesus.«

Das ist auch mein Glaube. Wenn Jesus für mich Jesus ist, wenn er auch für mich Heiland und Erlöser ist, dann ist alles getan. »Jesus, sei mir Jesus«: In diesen kurzen Satz kann ich meinen eigenen kleinen Glauben hineinlegen und darauf vertrauen, dass Anfang und Ende bei Jesus gut aufgehoben sind, Ursprung und Vollendung. Ich muss nicht an Überforderung sterben, keinen perfekten Glauben und keine ausgeklügelte fertige Theologie vorzeigen, es muss mir auch nicht alles gelingen. An einem Messiaskomplex jedenfalls leide ich nicht.

Meinen Glauben habe ich erst durch Jesus entdeckt. Der Gott meiner Kindheit war der Herrgott, der als moralische Instanz, als Schöpfer und Richter daherkam, eine Mischung aus Heilsangst und Naturreligion. Auch der Religionsunterricht meiner Kinder- und Jugendzeit kam über dieses Niveau nicht hinaus, einigen meiner Religionslehrer fehlte es an existenzieller Auseinandersetzung, sie wussten viel, aber sie hielten sich persönlich zurück. Die Pfarrei war ebenfalls kein Raum, um Jesus kennenzulernen, es ging vielmehr ums Mitmachen in vorgegebenen sozialen Strukturen rund um den Pfarrer.

Der Herrgott war der Schöpfer und Richter, der liebe Heiland seine rechte Hand. Der Kreuzestod Jesu wurde als Opfer gedeutet, wodurch der Herrgott noch mehr zum blutrünstigen Schnüffler wurde. So musste ich mich selbst auf die Suche machen. Ich habe Jesus in der Bibel gefunden, nachdem ich angefangen hatte, mich nicht mehr allein auf Predigten zu verlassen, sondern selbst zu lesen.

Ich habe Jesus in Gesprächskreisen gefunden, die ehrlich miteinander umgingen, ohne auf den kirchlichen Rahmen zu achten. In guter Musik konnte ich ihn finden, in alten und neuen geistlichen Liedern, auch in der unmittelbaren Frömmigkeit der Freikirchen, vor deren vereinnahmender und unwissenschaftlicher Dogmatik ich seit dieser Zeit allerdings heftig warne. Ich bin ein Jesus-Freak, ohne zur gleichnamigen, für meinen Geschmack etwas abgedrehten Freikirche zu gehören. Ohne mein Vertrauen zu Jesus würde ich heute nicht mehr an Gott glauben, wäre wahrscheinlich Agnostiker. Der Glaube an Gott ist ohne Jesus viel zu vage und außerdem leicht für jede Art von Angst und Gewalt zu missbrauchen, der Glaube an Gott mit und durch Jesus hingegen zeigt mir das wahre Wesen Gottes: Liebe, Güte, Barmherzigkeit.

Deshalb ist mein Glaube nicht kaputtzukriegen. Mir ist geschenkt worden, mich existenziell ganz und gar an Jesus zu orientieren und zu binden, ohne den kirchlichen Rahmen allzu wichtig zu nehmen. Wenn ich auf Jesus schaue, kann ich von vielem anderen absehen.

Anker und Herausforderung

Die Bibel ist Gotteswort in Menschenwort. Sie ist voll von Erzählungen und Bildern einer spannenden Glaubensentwicklung. Gott offenbart sich so, wie die Menschen ihn erfahren und vielleicht begreifen können, er geht ihren Lebensweg mit, fordert sie heraus, überfordert sie dabei aber nicht. Er ist ein Gott der Geschichte, nicht der zeitlosen Mythen. Das macht die Bibel für mich so spannend.

Wenn ich in Gemeinden oder Bildungshäusern eine kleine Bibelschule anbiete, wundere ich mich jedes Mal darüber, wie kindlich-naiv viele ansonsten gebildete Menschen mit der Bibel umgehen, so als müssten sie durch ein wortwörtliches Aufnehmen ihrer Geschichten die Erinnerung an ihren Kinderglauben bewahren. Insofern ist ein aufgeklärt-mystischer Umgang mit heiligen Texten, ja, überhaupt das Zulassen von Hermeneutik, unabdingbar für die Entwicklung eines erwachsenen Glaubens und des interreligiösen Dialogs.

Die meisten Christen kennen die Bibel nicht, jedenfalls nicht ausreichend. Sie haben zu Hause eine Bibel, aber sie lesen nicht darin. Die Bibel ist zwar der absolute Weltbestseller, kein Buch erreicht höhere Auflagen. Und doch kennen die meisten Christen die Bibel, wenn überhaupt, nur aus dem Gottesdienst. Den Älteren hat man die Bibel nicht zugetraut, zugemutet; im

Religionsunterricht wurden noch vor Jahrzehnten Katechismus-antworten abgefragt, aus der Bibel gab es nur ausgewählte Geschichten, Gedanken, Sprüche. Das Alte Testament galt sogar als gefährlich, eben weil es nicht nur erbauliche Geschichten enthält, sondern das ganze Leben: Scheitern und Versagen, Mord und Totschlag, Sex and Crime. Es spricht eben nicht von guten Menschen, sondern von einem guten Gott.

Die evangelische Kirche galt über Jahrhunderte als Kirche des Wortes, die katholische Kirche als Kirche der Sakramente. In der evangelischen Kirche wurde mehr gelesen, gepredigt, in der katholischen Kirche wurde gefeiert, verehrt. Martin Luther wollte zurück zu den Quellen des Glaubens; *sola scriptura – allein durch die Schrift* hieß einer seiner Grundsätze. So kam es unter Protestanten zu einer Abwehr gegen Zeichen, sie gerieten allesamt unter Magieverdacht, unter Katholiken kam es zu einer unausgesprochenen Abwehr gegen das Wort, also gegen die Bibel, die zusehends vernachlässigt wurde. Die einen erfuhren Jesus im Wort, die anderen hatten ihn ja auf dem Altar. Das Zweite Vatikanische Konzil wollte die Bibelangst der Katholiken aufbrechen. Christus ist ja nicht nur im Sakrament wirklich gegenwärtig, sondern auch in jedem Getauften, in der Versammlung, in seinem Wort, in den Werken der Liebe. Deshalb wollte man, wie es damals hieß, dass der »Tisch des Wortes Gottes« reicher gedeckt würde. Wer vor dem Konzil die heilige Messe besuchte, hörte immer dieselben wenigen ausgewählten Geschichten und Sprüche. Kein Wunder, dass man keinen Spaß an der Bibel bekam. Wer heute den Lesejahren der Kirche folgt, bekommt in drei Jahren einen Großteil der Bibel vorgelesen, verkündet, gefeiert.

Die Bibel ist Gottes Wort in Menschenwort. Sie ist nicht vom Heiligen Geist diktiert. Vielmehr sind hier Glaubens- und Lebenserfahrungen von Menschen aufgeschrieben, die ernst gemacht haben mit Gott. Die Bibel ist Menschheitsgeschichte, gedeutet aus gläubiger Perspektive; sie ist das Leben Gottes, gedeutet von Menschen, die etwas von ihm erfahren haben, die ihren Glauben nicht für sich behalten wollten. Christen glauben also nicht an Verbalinspiration, das Christentum ist in diesem Sinne keine Buchreligion, aber wenn ein Bibelwort wirkt, kann das durchaus inspirierend sein. Inspiration ist kein Vorgang bei der Abfassung, sondern beim Lesen der Texte, insofern sie vom Hirn ins Herz rutschen und konkretes Handeln bewirken.

Über Jahrhunderte wurde heftig um die Bibel gestritten: Muss man alles wörtlich nehmen? Ist alles wirklich so gewesen? Hat Gott die Welt in sieben Tagen erschaffen? Waren Adam und Eva die ersten Menschen oder nur Symbolgestalten? Hat Jesus wirklich Wunder gewirkt? War sein Grab leer? Kann man aus der Offenbarung die Zukunft dieser Welt ablesen?

Ich kenne Menschen, die schwer enttäuscht sind. Als Kinder haben sie alles geglaubt, was ihnen aus der Bibel vorgelesen wurde. Als Erwachsene hat man ihnen gesagt, man dürfe nicht alles wörtlich nehmen, auf den Sinn käme es an. Plötzlich hielten sie alles für ein Märchen, ihre ganze religiöse Welt fiel wie ein Kartenhaus in sich zusammen. Solche Menschen unterscheiden nicht zwischen Wirklichkeit und Wahrheit, zwischen Geschichte und Botschaft, zwischen den Wörtern der Menschen und dem Wort Gottes. Zumeist haben sie sich niemals kritisch mit ihrem Glauben auseinandergesetzt.

Die Bibel ist Gottes Wort in Menschenwort. Sie ist nicht in allem wirklich, aber sie ist wahr. Sie erzählt die Geschichte von Menschen, um in unser heutiges Leben hineinzusprechen. Nicht um

Wörter geht es, sondern um das Wort: »Man kann die Bibel entweder wörtlich nehmen oder ernst.« (Pinchas Lapide). Es gibt nur das eine oder das andere. Wer alles wörtlich nimmt, geht garantiert am Sinn vorbei. Die Bibel sagt es selbst: »Denn der Buchstabe tötet, der Geist aber macht lebendig« (2 Korinther 3,6). Wer die Bibel ernst nimmt, wer den Geist Gottes aus ihr herauslesen kann, wird sie lieben und aus ihr zu leben versuchen. Er wird gewahr werden: Das Judentum und in dessen Folge das Christentum ist ein Offenbarungsglaube. Niemand kann sich ausdenken, wer Gott ist, niemand kann ihn aus der Natur herauslesen. Dass Gott existiert, mag man an der Schöpfung erkennen, aber wer und wie er ist, nicht. Dazu muss er sich selbst offenbaren, alles andere wäre Naturreligion und damit ein menschliches Konstrukt. Gott offenbart nicht etwas über sich, nicht irgendwelche Wahrheiten und Lehrsätze, sondern sich selbst, seine Wahrheit und sein Wesen.

Die historisch-kritische Exegese hat gelehrt, Texte aus ihrer Entstehungszeit heraus zu verstehen. Das ist meistens ganz einfach, man braucht dafür kein Theologiestudium, sondern nur Aufmerksamkeit und Geduld. Genau hinzuschauen habe auch ich mir zur täglichen Aufgabe gemacht. Jeden Abend lese ich die Bibeltexte des kommenden Tages und verweile dabei eine gewisse Zeit. Ich nehme den Kontext in den Blick, schaue gegebenenfalls in eine Interlinearübersetzung und einen Kommentar, wenn mir etwas unbekannt vorkommt oder etwas scheinbar Bekanntes neu aufgegangen ist.

Mit der Bibel zu leben ist für mich etwas sehr Kostbares und Schönes. Wie durch ein Wunder habe ich nach dem abendlichen Bibellesen spätestens am Morgen darauf eine Idee für die Predigt, frei nach dem Psalmwort: »Doch den Seinen gibt der Herr es im Schlaf« (Psalm 127,2). Ich liebe das Wort Gottes, weil darin

Gottes Geschichte mit den Menschen auf mich ganz persönlich zukommt und ich meine eigenen Erfahrungen daran abgleichen kann.

Solche Erfahrungen mit Gott sind zunächst subjektiv, denn jeder macht seine eigenen, ganz persönlichen Gotteserfahrungen. Wenn ich über diese Erfahrungen mit anderen ins Gespräch komme – und schon deshalb brauche ich die Kirche als Gemeinschaft – werden sie intersubjektiv. Wenn solche geteilten Erfahrungen eine lange Tradition hinter sich haben und für die ganze Gemeinschaft der Glaubenden von Bedeutung geworden sind, dann werden sie wie von selbst zum Maßstab für alle neuen, eigenen Gotteserfahrungen. Solche intersubjektiven, durch Tradition wichtig gewordenen Gotteserfahrungen finde ich in der Bibel. Nicht mehr und nicht weniger. Es wäre kein Problem für mich, wenn ich alle meine Bücher abgeben müsste, solange ich die Bibel behalten könnte. Während der Katechismus definiert, was der Glaube lehrt, weitet die Bibel den Horizont dafür, was Glauben ist. Sie ist mir so ans Herz gewachsen, dass ich vieles in- und auswendig kann und sich viele Zusammenhänge mittlerweile wie von selbst erschließen. So ist die Bibel für mich Erfahrungsschatz und Herausforderung, ein sicherer Anker auch für das Kirchenschiff. Und die Kirche ist die Erzähl- und Deutungsgemeinschaft, die mir hilft, den Glauben besser zu verstehen und konkreter zu leben.

Leiden und Leidenschaft

Wie kann Gott das zulassen? Warum hat er nicht geholfen? Warum ausgerechnet ich? Wie kann Gott zulassen, dass ein junger Mensch stirbt, der noch gar nicht richtig leben durfte? Dass es Katastrophen gibt, Terror und Gewalt? Dass es Ungerechtigkeit gibt:

wenige Reiche, die auf Kosten anderer immer reicher werden? Und dass viele Menschen bei alledem nur unberührt und müde gähnen und unbeteiligt weitermachen, als wäre nichts geschehen? Die alte Frage nach dem Warum bleibt ohne Antwort, und das Halleluja muss wohl etwas leiser angestimmt werden. Jede Antwort auf die Frage: »Warum gibt es das Leid?« scheint unerträglich, manchmal geradezu zynisch. Es gilt, die Frage auszuhalten, dem Warum standzuhalten, ohne eine Antwort zu wissen. Aber wie?

Das meiste Leid in der Welt haben Menschen zu verantworten. Armut und Hunger sind hausgemachte Probleme; sie haben mit dem Egoismus der Reichen und dem Bildungsnotstand der Armen zu tun. Krankheit und Tod sind manchmal auch ein Spiegel unseres Lebensstils. Selbst das, was wir Naturkatastrophen nennen, ist häufig ein ökologisches und damit menschliches Problem. Wir können das Leid in der Welt nicht einfach Gott in die Schuhe schieben. Das wäre zu einfach, wir würden uns aus unserer Verantwortung leichtfertig davonstehlen. Aber es gibt einen nicht unerheblichen Rest an Leiden, der zur Frage wird. Wenn wir selbst Leid tragen müssen, wenn in der Familie einer plötzlich stirbt, dann gibt es Fragen, die für immer unbeantwortet bleiben. Diese Fragen stellen wir Gott: Wo warst du, Gott? Lieber Gott, warst du denn wirklich lieb, als …?

Wer bei diesen Fragen angekommen ist, spürt: Menschen sind in das Leben geworfen und müssen irgendwie damit fertig werden. Als Kinder müssen wir das noch nicht, als Erwachsene schon. Nur ein Kind schreit sofort nach den Eltern, wenn es hingefallen ist. Als Erwachsene lernen wir, wieder aufzustehen. Genau so muss unser Glaube erwachsen werden; sonst bricht alles zusammen, wenn wir fallen. Als Kinder haben wir zum »lieben« Gott gebetet. Als Erwachsene schauen wir in die Bibel und merken, dass der

»liebe« Gott auf keiner Seite steht. Gott ist lebendig, barmherzig, geheimnisvoll, gegenwärtig, allmächtig – aber niemals einfach nur »lieb«. Das ist zu billig, zu einfach; es trügt, aber es trägt nicht. In der Bibel gibt es keinen »lieben« Gott, denn Gott ist nicht bloß »lieb«, sondern heilig.

Über Jahrhunderte meinte man, dass Gott die Menschen prüft. Wenn etwas Schlimmes geschah, dann sagte man: Das war eine Prüfung Gottes. So, als würde Gott irgendein Leid schicken, um zu sehen, wie wir damit fertig werden, und ob wir dann wohl noch an ihn glauben. Ich glaube nicht, dass es solche Prüfungen gibt. Was wäre das für ein Gott, der sich am Leiden freut? Gott, der Vater Jesu, ist doch kein Sadist! Ich glaube, dass wir unser Leben als Herausforderung annehmen müssen. Es gibt Herausforderungen, in die wir einfach so hineingeraten. Und dann lernen wir, hoffentlich, damit umzugehen. Die Frage nach dem Warum wird dann schon etwas kleiner. Es scheint die Frage nach dem Wozu auf: Wozu ist das gut? Was bedeutet es? Wie kann ich weiterleben? Muss ich umdenken, umkehren? Was unsere Vorfahren bisweilen als Prüfung angesehen haben, das war wohl eher eine Herausforderung zum Erwachsenwerden. Erst im Leiden zeigt sich, wovon einer lebt, ob er gereift ist und mit beiden Füßen auf dem Boden steht. Das Leid ist keine Prüfung, aber es kann zur Bewährung werden. Dann zeigt sich, wovon wir leben und ob wir das Leben ernst nehmen. Das Leiden kann deshalb Herausforderung und Bewährung sein: zuerst im Bekämpfen, dann aber auch im Annehmen des Leidens. Wo jedoch ein Mensch am Leiden zu zerbrechen droht, braucht er bedingungslose Solidarität; kein Mitleid, sondern Mitleiden.

Ich glaube nicht, dass unser christlicher Glaube hilft, das Leid zu verstehen. Aber ich glaube fest und habe erfahren, dass er helfen kann, das Leiden zu bestehen, in der Bewährung standzuhalten.

Nicht verstehen, aber bestehen. In einem Osterlied heißt es: »Verklärt ist alles Leid der Welt.« Verklärt, nicht erklärt! Oft werde ich gefragt: »Wie kann man angesichts des Leidens in der Welt überhaupt noch an Gott glauben?« Ich antworte dann: »Nur weil es einen Gott gibt, kann ich das Leiden überhaupt ansehen.« Gott ist in Jesus Christus mit dieser Welt solidarisch geworden. Er hat unser Leben und unser Schicksal geteilt. Jesus Christus ist Gottes menschgewordene Solidarität. Christen schauen deshalb auf Christus – in allem – und sehen dabei auch das Kreuz. Sie sehen, wie da einer hängt, der sich buchstäblich festnageln ließ auf seine Botschaft. Am Kreuz offenbart sich die ohnmächtige Liebe Gottes; eine Liebe, die alle Fragen aushalten kann.

Diese Liebe erweist ihre tiefste Kraft im Leiden. »Ich mag dich leiden«, sagen Menschen zueinander, wenn sie einander lieben. Wer liebt, kann leiden, kann tragen und aushalten. Ohne Passion keine Passage – ohne Leidenschaft kommt keiner durch. Das Kreuz sagt: Gott kann uns leiden! Er ist ein sympathischer Gott. Sympathie bedeutet Mitleiden, *Compassion* ist das erinnernde, tatkräftige und nicht nur gemüthaft-herablassende Mitleiden. Gott kann uns leiden, weil er uns liebt. Welt und Menschen sind bei ihm gut gelitten, im wahrsten Sinne des Wortes. Gott mag uns für sein Leben gern. Solidarität und Sympathie – das sind die beiden Haltungen, die wir brauchen. Haltungen gegen das Leiden und mit den Leidenden. Mit den Leidenden solidarisch sein und ihnen tragen helfen (wie Simon von Cyrene). Mitleid haben und ein menschliches Gesicht zeigen (wie Veronika). Sympathisch sein wie Gott selbst in Jesus Christus. Leben mit Leidenschaft!

Das Leid in der Welt ist eine ungelöste Frage, ja, geradezu die Bastion des Atheismus. An dieser Frage leidet auch der Glaube selbst, weil er sie nicht bis ins Letzte klären kann. Aber dennoch:

Der Ungläubige kann über das Leid nur diskutieren, er kann es ausblenden oder verdrängen – und muss am Ende doch daran verzweifeln. Wer glaubt, steht zwar vor der unlösbaren Frage nach dem Leid; wer aber nicht glaubt, für den bleiben alle anderen Fragen unbeantwortet. Am Kreuz wird keine unserer Fragen gelöst, aber durchlitten: mit der Leidenschaft eines passionierten Erlösers!

Seit Ostern hoffen wir: Jedes Grauen währt nur bis zum dritten Tag. Aber es gibt kein Ostern ohne den Karfreitag. Nur im Bestehen des Karfreitags werden wir reife Menschen. Wer das Leid abschaffen will, endet bei der Abschaffung der Leidenden. Es bleibt uns deshalb nur übrig, es erträglich zu machen. Wenn wir uns nichts verleiden lassen wollen, laufen wir geradewegs dem Leben davon. Wer jedoch im Glauben gereift ist, der sieht auch den Karfreitag: als Herausforderung und Bewährung!

Gerade weil es Hoffnung gibt, das Leben ernst nehmen. Weil es Erlösung gibt, die Welt mitgestalten. Weil es einen Himmel gibt, die Erde nicht aufgeben. Weil letzten Endes kein Leid umsonst gewesen sein wird, müssen wir es bekämpfen oder wenigstens lindern, aber auch annehmen und aushalten. Und zwar leidenschaftlich! Christsein heißt für mich: Einander leiden können, weil Jesus lebt.

Das Beste kommt noch

Nichts ist so sicher wie der Tod. Er ist *die* Erfahrung von Endlichkeit und Vergänglichkeit. Bei keiner anderen Lebenserfahrung komme ich so sehr an meine Grenzen. Kaum eine andere Erfahrung fragt die Tragfähigkeit meines Glaubens so sehr an wie diese. Und bei keiner anderen Erfahrung bin ich auch anderen gegenüber so herausgefordert wie hier. Immer schon haben Menschen deshalb die eine Lebensfrage gestellt: Was kommt nach dem Tod? Was bedeutet es, andere zu trösten? Denn meinen eigenen Tod habe ich nur zu sterben, mit dem Tod der anderen muss ich leben. Mir persönlich hilft gerade im Leben mit dem Tod der Glaube an Gott. Weil ich weiß, dass ich eines Tages ewig sein werde, kann ich jetzt mein Leben wagen. Ich kann mich einsetzen für andere, ohne Angst zu haben, dabei etwas zu verpassen oder selbst zu kurz zu kommen. Ich bin gelassen im Vorletzten, weil ich geborgen bin im Letzten. So hilft mir die Hoffnung auf das Leben nach dem Tod schon im Leben davor. Trauer ist für mich die andere Seite der Liebe. Jeden Tag sterben unzählige Menschen, das nehme ich zur Kenntnis, sie tun mir aufrichtig leid. Aber ich trauere nur um diejenigen, die ich wirklich geliebt habe. So zeigt mir meine Trauer, dass ich geliebt habe, dass ich wirklich lieben kann und geliebt worden bin.

Wenn ein lieber Mensch stirbt, der sehr alt werden durfte, dann fällt mir jedes Mal ein Wort aus den Psalmen ein: »Lehre uns zählen unsere Tage, auf dass wir gelangen zur Weisheit des Herzens« (Psalm 90,12). Martin Luther übersetzt noch eindringlicher: »Lehre uns bedenken, dass wir sterben müssen, auf dass wir klug werden.« Eigenartig: Jeder Mensch weiß von Geburt an, dass er eines Tages sterben wird. Der Tod kommt – todsicher! Und doch wollen viele das nicht wahrhaben, sie verdrängen den Tod. Es gibt eine Kunst zu leben und eine Kunst zu sterben. Die Kunst zu leben beschrieb man früher mit dem Wort *carpe diem – pflücke den Tag*. Weil das Leben die kostbarste Gabe Gottes ist, darf man es auch genießen. Aber die Kunst zu leben ist nur die eine Seite. Die andere heißt *memento mori – gedenke des Todes*. Wer das Leben genießt und den Glauben bewahrt, gewinnt ein weises Herz. Ich selbst bin mir meiner Sterblichkeit bewusst, ich lebe jeden Tag damit, um am Ende bereit zu sein. Dass meine Zeit begrenzt ist, macht sie so kostbar.

Ich erinnere mich in diesem Zusammenhang an ein Ereignis vor Jahrzehnten: Als ich noch ein Kind war, sah ich von weitem eine junge Witwe. Ich wusste vom Hörensagen, dass sie gerade ihren Mann verloren hatte, der sehr krank gewesen und mühsam gestorben war. Nun stand sie mit den Kindern und einem Handwerksbetrieb ganz allein da. Ich sah die Frau, die mir bekannt war, wusste aber nicht, was ich sagen sollte. Ganz beklommen war ich, voller Angst vor dieser Begegnung. So wechselte ich die Straßenseite und tat so, als sei ich sehr beschäftigt und hätte sie nicht bemerkt. Vielleicht war mir das sogar gelungen und sie hat mein Ausweichmanöver gar nicht wahrgenommen. Diese Szene habe ich nie vergessen, sie blieb mir lebenslang vor Augen. Seitdem gehe ich auf Trauernde zu, ganz direkt, ohne mir vorher zu überlegen, was ich sagen werde. Hauptsache, ich stelle eine Beziehung her, zeige Interesse, sage irgendetwas oder schweige einfach. Meistens sprechen die Trauernden dann von selbst. Nur ganz selten signalisieren sie, dass sie in Ruhe gelassen werden möchten. Begegnung ist besser als Flucht, Sprechen ist besser als Schweigen. Interesse ist lateinisch und bedeutet: dazwischen sein. Bleiben wir beieinander!

»Habe ich wohl genug Gutes getan?« So fragen manchmal Menschen, die spüren, dass sie bald sterben werden. Sie denken: Man muss Gutes tun, um in den Himmel zu kommen. Sie haben Angst, dass ihre Lebensleistung nicht ausreichen könnte. Der Glaube sagt etwas ganz Anderes: Gott liebt mich nicht, weil ich gut bin, sondern weil er gut ist; er liebt mich vor aller Leistung und nach aller Schuld. Christen fragen nicht danach, ob sie wohl zu Gott kommen. Denn Gott ist zu den Menschen gekommen – in Jesus Christus. Niemand muss sich den Himmel verdienen, er ist offen. Dafür stehen der Tod und die Auferstehung Jesu Christi. Ich tue das Gute, weil Gott mich zuerst geliebt hat, also aus Dankbarkeit, und nicht, um mir dadurch irgendetwas zu verdienen. Was wäre das auch für ein Gott, der meine Guttaten nur zusammenrechnet und dann am Ende auszahlt, was ich mir bei ihm erarbeitet habe? Wer geliebt wird, der tut das Gute nicht mehr nur aus Pflicht, schon gar nicht aus Angst, sondern allein aus Liebe. Wenn das so ist, dann kommt es nicht mehr darauf an, alles im Leben richtig zu machen. Sondern es kommt darauf an, etwas zu wagen.

In früheren Zeiten war die irdische Lebenserwartung wesentlich geringer als heute. Man lebte dreißig oder vierzig Jahre. Aber dann erhoffte man noch eine ganze Ewigkeit. Heute leben viele zwar länger, aber insgesamt kürzer, weil ohne Hoffnung. Denn wer den Himmel verliert, hat nur noch auf Erden eine Chance; wer keine Ewigkeit mehr sucht, verliert sich in der Zeit. Hast und Eile des modernen Menschen haben ihren Grund in der Angst vor dem Tod. Viele können nicht mehr an die Ewigkeit glauben. Deshalb meinen sie, aus ihrem kurzen Erdenleben alles herausholen zu müssen, was womöglich drinsteckt. Dadurch ist das irdische Leben zur letzten Gelegenheit geworden, die man keinesfalls verpassen darf. Nicht mehr das Vorletzte, sondern das Letzte. Bei unserer maßlosen Sehnsucht nach Glück sind unsere Erdenjahre immer zu wenig. Deshalb überfordern sich viele Menschen selbst. Ihr Leben wird hastig und schnell, manche arbeiten ständig über ihre Kraft. Ich möchte ausbrechen aus der Enge der Diesseitigkeit, den Himmel offenhalten, das Leben als Geschenk annehmen. Wer sich an Gott bindet, wird unabhängig von allem anderen.

Ich habe schon an vielem gezweifelt. Aber zwei Dinge waren für mich immer sonnenklar: die Existenz Gottes und das ewige Leben. Dass es Gott gibt – und dass er uns im Tod nicht fallen lässt. Wenn Menschen einander lieben, wollen sie nicht, dass der Geliebte einfach ins Nichts fällt. Liebe geht über den Tod hinaus.

Gott kann sogar noch mehr lieben als wir, und ich bin zutiefst überzeugt: Er wird uns nicht ins Nichts fallen lassen. Die Jünger Jesu haben die Botschaft von der Auferstehung mit Leib und Leben bezeugt. Sie mussten alle dran glauben, buchstäblich. Sie haben alles dafür gegeben – ihr Leben! Sie müssen etwas unglaublich Neues erfahren haben.

Manche Menschen meinen, Glauben sei das Gegenteil von Wissen. Man habe eben keine Beweise, und deshalb bleibe einem nichts anders übrig als zu glauben. Sie glauben – oder glauben eben nicht –, *dass* Gott existiert. So, wie sie vielleicht glauben, dass morgen schönes Wetter werde. Beides ist nicht mehr als eine Vermutung. Tatsächlich gibt es für oder gegen Gott keinerlei Beweise. Denn Glauben hat mit Erfahrung und Entscheidung zu tun. Von der Bibel her bedeutet Glauben nicht, Mutmaßungen über die Existenz Gottes anzustellen, sondern in Beziehung zu ihm zu leben. Im Hebräischen heißt Glauben *sich festmachen in Gott.* Im Griechischen heißt es *vertrauen.* Das lateinische *Credo – ich glaube* kommt von *cor dare, sein Herz geben.* Und selbst das deutsche *glauben* kommt von *geloben,* also soviel wie *ein Versprechen eingehen, eine Beziehung leben, in einem Treueverhältnis stehen.* Wenn Glauben also Vertrauen bedeutet, dann hilft Glauben gegen Angst. Ich vertraue darauf, dass ich nicht allein bin; dass mich einer hält, wenn ich mein Leben nicht mehr im Griff habe; dass mich einer trägt, wenn der Boden unter den Füßen wankt. Wer an Gott glaubt, kann ihm alles überlassen, kann loslassen – auch sich selbst. Und darauf vertrauen: Er macht es gut! Auch wenn im Moment noch nichts gut ist.

»Herr, gib ihnen die ewige Ruhe.« Diese Bitte habe ich bis vor wenigen Jahren jedes Mal umformuliert. Mir waren die Worte nicht lebendig genug. Ewige Ruhe, so wollte ich mir den Himmel nicht vorstellen. Deshalb habe ich immer gesagt: »Schenke ihnen ewiges Leben.« Das hörte sich lebendiger an. Dann aber habe ich immer besser verstehen gelernt, was die *ewige Ruhe* bedeutet. Sie hat mit dem Sabbat zu tun, mit dem Tag des Herrn. Die Bibel erzählt, wie Gott die Welt erschafft, in sechs Tagen (Genesis 1,1–2,4a). Das ist selbstverständlich kein wissenschaftlicher Bericht, sondern ein Gedicht. Es ist die Deutung, warum es überhaupt etwas gibt und nicht nichts. Es geht nicht darum, wie die Welt erschaffen wurde, sondern warum. Das wichtigste ist der Sabbat, der siebte Tag, an dem Gott ruht. Dieser Tag sollte für Israel immer ein heiliger Tag sein, ein Ruhetag. Erst mit ihm, dem Sabbat, ist die Welt komplett. Jetzt begreife ich, dass es ein gutes Gebet ist: »Herr, gib ihnen die ewige Ruhe.« Ich erbitte von Gott einen ewigen Sabbat: Keine Trauer, keine Klage, keine Arbeit – nur Freiheit und Liebe. Ewige Ruhe ist die Erfahrung, für immer und ewig in Gott zu sein; ganz selbst zu sein mit allem, was geworden ist, versöhnt und verstanden. Es ist die Hoffnung, dass alles vollendet ist, auch das, was ich selbst nicht mehr hinbekommen habe.

Ich glaube an die Vollendung aller Menschen durch Gott. Der Himmel ist kein Ort, er ist die Gegenwart Gottes. Die Ewigkeit ist keine unendliche Zeit, dann wäre es im Himmel auf Dauer langweilig. Sondern sie ist ein immerwährender Augenblick, ein Geborgensein in der Liebe Gottes jenseits von Raum und Zeit. Die Hölle ist leer. Sie ist lediglich eine denkbare Möglichkeit, aber sie kann angesichts der Liebe Gottes keine erfahrbare Wirklichkeit sein. Die Hölle muss denkbar bleiben, damit das Leben seine Ernsthaftigkeit nicht verliert. Aber sie wird leer sein, weil ein Menschenleben sonst endgültig und grausam die Liebe Gottes verlieren könnte. Das aber kann nicht sein. Weil Gott jeden Menschen ins Leben geliebt hat, weil er in Christus alle erlöst, wird niemand auf ewig ins Nichts fallen. Würde auch nur ein einziger Mensch auf ewig scheitern, so wären der Tod und die Auferstehung Jesu Christi am Ende doch nicht ans Ziel gekommen, sie wären vergeblich gewesen. Es muss aber möglich sein, dass sich Opfer und Täter miteinander versöhnen, bevor sie vor das Angesicht Gottes treten. Ich darf alles hinter mir lassen, woran ich selber leide, was nicht gelungen ist, um wirklich ganz im Frieden mit mir, mit anderen und mit Gott zu sein. Im Gericht kommt alles auf den Tisch, denn zur Freiheit gehört Verantwortung, und die Liebe ist verletzlich. Aber niemand wird mich über den Tisch ziehen. Ich werde aufgerichtet, zurechtgebracht. Gott lädt ein zum himmlischen Gastmahl: Es ist angerichtet!

Auferstehen mit Leib und Seele: Das hört sich seltsam an. Jeder weiß: Der Leichnam zerfällt in der Erde, seine Bestandteile werden in den natürlichen biologischen Kreislauf zurückgeführt. Oder die Leiche wird im Krematorium zu Asche verbrannt und dann in einer Urne beigesetzt. Wie soll ich dann glauben, dass ich mit Leib und Seele auferstehen werde? Mit Leib und Seele, das meint nicht: mit Haut und Knochen. Sondern es bedeutet: ganz und gar. So wie es Menschen gibt, die mit Leib und Seele Eltern sind oder ihren Beruf ausüben. Ganz und gar, von innen her, glaubwürdig: Das hat Bestand. Was mich ausmacht, ist meine Geschichte: die Art und Weise, wie ich geworden bin, mit allem, was mich geprägt hat, mit Beziehungen und Ereignissen. Und was mich ausmacht, ist meine Identität: Weil ich weiß, wer ich bin. Vielleicht würde man heute für Leib und Seele sagen: Geschichte und Identität. Das geht nicht kaputt, das geht nicht verloren. Deshalb kann man gelassen leben, frei und heiter. Mein Leben ist gut aufgehoben, für immer und ewig. Es hat Bestand: ganz und gar, mit Geschichte und Identität, mit Leib und Seele.

Was bleibt von mir, wenn ich einmal gestorben sein werde? Mir hilft eine Ostergeschichte aus der Bibel (Johannes 20,11–18): Maria von Magdala ist traurig. Sie weint, weil Jesus gekreuzigt worden ist. Auf ihn hatte sie ihre ganze Hoffnung gesetzt. Nun steht sie an seinem Grab. Zwei Engel sind da. Dann sieht sie Jesus, erkennt ihn aber nicht. Sie denkt, es sei der Gärtner. Dann nennt Jesus sie beim Namen. Ein wunderbarer Dialog ist das: »Maria« – »Rabbuni, Meister!« Vielleicht das kürzeste und doch schönste Gespräch in der ganzen Bibel. Maria erkennt Jesus, als er ihren Namen nennt, also nicht an seiner äußeren Gestalt. Sie meint ja zunächst, es sei der Gärtner. Ob sie ihn mit jemand anderem verwechselt hat? Vielleicht hat sie auch gar nicht wirklich mit ihm gerechnet, so dass sie gar keine Augen, keinen Sinn für ihn hatte. Augen voller Tränen sehen oft am Licht vorbei. Für mich heißt das: Was bleibt, ist nicht die äußere Gestalt, sondern die Beziehung. Die äußere Gestalt vergeht. Wenn wir auferstehen, wird vieles anders sein. Aber die Identität bleibt, die Beziehungen bleiben. Wir werden einander erkennen an der Liebe allein. Denn Gott ist die Liebe (1 Johannes 4,8), und das Beste kommt noch. Daran glaube ich fest, ich erhoffe es für alle Menschen auch jenseits von Religion und Konfession.

Dranbleiben – aber wie?

- sich an Jesus orientieren
- leidensfähig werden und leidenschaftlich leben
- hoffen wider alle Hoffnung
- gelassen sein im Vorletzten, weil geborgen im Letzten
- auf Gott vertrauen, denn am Ende wird alles gut: ganz und gar

Treue geht vor Qualität

Treue geht vor Qualität: Das gilt in jeder Beziehung. Und weil Beten Beziehungspflege ist, gilt das auch und vor allem fürs Gebet. Ich halte durch – und das ist für mich einer der wichtigsten Punkte beim Dranbleiben.

Wenn das Gebet feststeht ...

Viele Menschen haben aufgehört zu beten. Und das, obwohl sie an Gott glauben. Vielleicht überfordern sie sich und ihr Gebet. Sie denken, ihr Gebet müsse etwas bringen, es müsse etwas dabei herauskommen. Das Gebet jedoch ist zweckfrei, aber sinnvoll; es hat seinen Wert in sich, es ist – überspitzt ausgedrückt – zwecklos, aber schön. Als Beispiel nenne ich gerne die biblische Geschichte von der Salbung in Betanien: Jesus ist auf dem Weg nach Jerusalem, es wird sein letzter Weg sein. Da kommt eine Frau und salbt Jesus mit kostbarem Öl. Seine Jünger begehren dagegen auf, dies sei doch pure Verschwendung. Doch Jesus lässt es geschehen und belehrt seine Jünger: »Was kränkt ihr die Frau? Sie hat doch eine gute Tat an mir getan. Denn Arme habt ihr ja allezeit bei euch, mich aber habt ihr nicht allezeit. Als sie dieses Salböl über meinen Leib goss, hat sie es für mein Begräbnis getan. Amen, ich sage euch: Wo immer auf der ganzen Welt dieses Evangelium verkündet wird, da wird auch zu ihrem Gedächtnis erzählt werden, was sie getan hat« (Matthäus 26,10 ff.).

Glauben und Gebet haben mit Beziehung zu tun – und sind damit zweckfrei, sinnvoll und schön. »Sie hat doch eine gute Tat an mir getan«, lese ich in der Bibel. Wörtlich übersetzt heißt es: »Sie hat ein schönes Werk – *ergón kalón* – an mir getan«, und das ist etwas ganz anderes. Die Frau, die Jesus salbt, verfolgt damit keinen Zweck, sondern einen Sinn; keinen Nutzen, sondern Schönheit. Solch ein schönes Werk ist auch das Gebet. Christen beten nicht, weil es effizient ist oder weil sie damit Glück und Segen produzieren können. Dann käme es beim Beten auf Leistung an, es wäre bloß ein magischer Zauber. Beten mit himmlischer Dividende ist sogar ein ganz schlimmer Aberglaube. Christen beten, weil sie darin ihre Beziehung zu Gott zum Ausdruck bringen, ohne genau zu wissen, was es bei Gott bewirken mag. Es geht ihnen nicht um Produktion, Zweck und Nützlichkeit, sondern um Liebe, Schönheit und Beziehung.

Wenn sich eine Familie zum gemeinsamen Abendessen trifft, so gibt sie sich dafür auch keine Tagesordnung, es muss nichts dabei herauskommen. Nahrung aufnehmen, das könnte auch jeder allein, doch darum geht es nicht. Auch die Themen sind nicht in erster Linie wichtig, nicht irgendwelche Ergebnisse, sondern dass man einfach zusammen ist (isst) und Beziehung (er)lebt. Und gerade Beziehung lebt von Äußerlichkeiten. Gebet ist Beziehung und lebt deshalb ebenfalls von außen nach innen. Dass manche Menschen gerade beim Gebet so sehr auf Innerlichkeit setzen, so sehr auf Ergebnisse aus sind, das ist der Tod einer jeden Gottesbeziehung. Ich halte einfach durch. Wenn die Treue steht, kann die Liebe kommen und gehen, wie sie will. Und wenn das Gebet feststeht, kann der Glaube kommen und gehen, wie er will.

Menschen überfordern sich, wenn sie meinen, das Gebet müsse ganz von innen herkommen; es müsse erfüllend sein, ein ganz besonderes Erlebnis. Wer so denkt, lässt es schnell wieder bleiben. Beten ist überhaupt keine Kunst, sondern eher ein Handwerk. Ich möchte gerade das Äußere schätzen lernen, und das bedeutet: Immer zur gleichen Zeit, am selben Ort und sogar mit immer gleichen Worten beten; nicht auf Erfüllung aus sein, sondern einfach durchhalten. Und wenn es nicht gelingen will, dann soll man sich trotzdem die Zeit nehmen und nichts weiter tun. Auch das ist eine Gelassenheit, die beim Dranbleiben hilft.

Ein anderer Gedanke dazu: Ich habe mich immer schon gefragt, warum auch moderne Menschen in alten Kirchen so schnell zur Ruhe kommen. In meiner Innenstadtkirche treffe ich erstaunlich viele Menschen, die einfach nur da sind, vielleicht sogar beten. Warum? Weil allein die Wände so viel an Glauben, an Geschichte, an Erfahrung atmen, dass es von selbst anfängt, in einem zu beten. Man setzt sich einfach hinein, und schon betet es in einem. Weil Zeit und Ort stimmig sind, findet auch das Herz ein Zuhause. Die äußere Ordnung des Betens trägt. Diese äußere Ordnung ist der Normal- und Ernstfall des Betens, der den Glauben lebendig hält und den Alltag vor Banalität bewahrt. Demgegenüber ist das Stoßgebet, jedenfalls als einzige und isolierte Gebetserfahrung ohne regelmäßiges Beten, problematisch, weil es Gott meistens für Alltagsprobleme benutzt.

Das meine ich, wenn ich wie vorher sage: Beten ist keine Kunst, sondern eher ein Handwerk. Die äußere Form, die regelmäßige Übung geben meinem Glauben ein Dach über dem Kopf. Dass diese äußere Form, die Ordnung des Betens auch mit Gewohnheit zu tun hat, ist dabei überhaupt kein Problem. Wichtig ist immer die Freiheit, denn ohne Freiheit ist keine Beziehung möglich. Die Ordnung trägt, auch wenn sie zur Gewohnheit geworden ist: Ich wohne dann in Gottes Gegenwart, bis ich heimisch bin in Seinem

Geheimnis. Gewohnheit ist für mich alles andere als gewöhnlich oder nur äußerlich. Je mehr ich mir das Beten zur Gewohnheit mache, desto mehr bin ich im Geheimnis Gottes zu Hause.

Erst wenn diese Ordnung zwanghaft ist, wird sie abstoßend. Verliebte küssen sich hoffentlich gewohnheitsmäßig, aber niemals zwanghaft; zum Küssen gezwungen zu werden könnte sogar ziemlich widerlich sein. Wenn die Beziehung stimmt und die Freiheit steht, sind Gewohnheit und Ordnung eine große Entlastung. Nur was ich immer wieder in Freiheit tue, prägt mich von Herzen, durch und durch. Zum Glauben und Beten darf niemand gezwungen, aber es kann zur guten Gewohnheit werden. Ich gebe es hiermit zu: Weil Glauben vor allem Beten heißt, und weil Treue vor Qualität geht, bin ich ein Gewohnheitsbeter. Ich bete nicht, weil ich glaube, sondern ich glaube, weil ich bete.

Die katholische Sturheit

Mit dem Gottesdienst ist es bei mir wie mit dem Gebet. Ich halte einfach durch, denn auch hier geht Treue vor Qualität. Selbstverständlich ist im Glauben die Qualität wichtig wie in jeder Beziehung. Treue ohne Qualität kann zur Qual werden, ja, zur lieblosen Sturheit verkommen. Doch weil ich um die Qualität der geschenkten Gottesbeziehung weiß und diese nicht erst mühsam herstellen muss, braucht es von meiner Seite vor allem die Treue, das Durchhalten. Um die Relevanz unserer pastoralen Angebote zu prüfen, frage ich mich manchmal, was ich eigentlich ehrenamtlich tun würde, wenn ich nicht Pfarrer wäre, sondern einen anderen Beruf hätte, aber als überzeugter Christ leben wollte. In manchem Pfarreirat – in anderen Diözesen heißt es Pfarrgemeinderat – würde ich nicht so gerne mitdiskutieren, dafür bin ich wohl zu pragmatisch und ergebnisorientiert. Dann doch eher im Kirchenvorstand, da ist es viel konkreter, aber hier sind die Vorgaben der Ordinariate und Generalvikariate so eng, dass der tatsächliche Entscheidungsspielraum eher klein ist. Ganz sicher würde ich ehrenamtlich die Orgel spielen oder einen Chor leiten, bei einer Tafel und in der Katechese mithelfen.

Was für mich, wenn ich so darüber nachdenke, feststeht: Auf jeden Fall ginge ich zum Gottesdienst. Ich wäre einer der regelmäßigen Mitfeiernden einer ganz bestimmten Sonntagseucharistie, je früher, desto besser. Die Betonung liegt auf dem *je früher* und vor allem dem *regelmäßig*. Als ich einer von dreizehn leitenden Pfarrern einer größeren Stadt war, habe ich ein regelrechtes Mess-Hopping festgestellt. Die Menschen informierten sich vorher gut, welche liturgische Form wo angeboten wurde – und welcher Prediger dabei zu erwarten war. Je nach Belieben besuchten sie dann die Messe, die ihnen am besten zu gefallen versprach. So sehr das einerseits menschlich nachvollziehbar ist, so wenig sollte man sich dabei darüber hinwegtäuschen: Gott wird auf diese Weise passend gemacht, man wird zum Fan eines bestimmten Predigers, der Gottesdienst selbst zum klerikalen Unterhaltungsprogramm. Nächsten Sonntag zappen wir uns woandershin, da soll es auch ganz nett sein. Auch in meinen beiden jetzigen Pfarreien werden die Namen des Zelebranten, also des Gottesdienstleiters, und des jeweiligen Predigers veröffentlicht. Auch hier kann man Christen erleben, die auf Kontinuität setzen, und andere, die sich ihr Programm bewusst auswählen. Ich wäre da eher ein Kontinuitäts-Typ, auch wenn ich wüsste, dass etwa die Lieder zu langsam gespielt würden oder die Predigt oberflächlich und vorhersehbar bliebe: Ich ginge trotzdem immer wieder hin. Auch das ist eine Form von Dranbleiben, die mir hilft. Kontinuität ist, bei all dem Charme, den das Auswählen hat, eine Stütze. So wie wir Gewohnheiten,

Routinen und Rituale aufbauen, um beispielsweise abzunehmen oder eine Sprache zu lernen, so hilft uns auch die Kontinuität beim Dranbleiben. Freilich nicht, ohne auch immer wieder zu prüfen, woran wir denn da dranbleiben.

Ein Altar zum Festhalten

An das Jahr 2004 kann ich mich gut erinnern. Ich fühlte mich damals eine Zeitlang müde und erschöpft, der anfängliche Elan des Priesterseins schien verbraucht zu sein. Ob es schon ein Burnout war, eine Erschöpfungsdepression, weiß ich nicht, damals sprachen noch nicht so viele davon wie heute. Jedenfalls quälte ich mich durch den Tag, und zwar jeden Tag. Nach außen hat, davon bin ich überzeugt, kaum einer etwas bemerkt. Gottesdienste und Konferenzen, Einzelgespräche und geistliche Begleitung, selbst der Small-Talk mit Kollegen, Seminarteilnehmern und Gemeindemitgliedern lief wie am Schnürchen.

Aber es machte keinen Spaß. Was sollte ich machen? Auf keinen Fall alles hinschmeißen. Vielleicht eine Kur beantragen? »Das Fixieren auf mögliche Probleme zieht dich noch weiter herunter«, meinte mein geistlicher Begleiter, selbstverständlich ohne medizinischen oder therapeutischen Hintergrund. Was dann? Ich habe einfach weitergemacht! Ich habe das getan, was zu tun war, wenn auch ohne Freude. Eines aber ging immer: die Feier der Eucharistie. Seltsameroder auch wundersamerweise gab es hier keine Ermüdung. Hier war ich ganz bei mir und irgendwie auch bei Gott. Eine Kontinuität, die ich heute als Fügung, als Zuspruch Gottes deute.

Meine Liebe zur heiligen Eucharistie war von Kindheit an die grundlegende Motivation dafür, Priester werden zu wollen. Und auch wenn ich nicht Priester geworden wäre, würde mich diese Liebe heute noch tragen. Am Geheimnis der Lebenshingabe Jesu konnte ich meine christliche Identität festmachen. Ich hatte 2004 einen Altar zum Festhalten, und das werde ich niemals vergessen. Aus dieser persönlichen Erfahrung rate ich allen meinen Glaubensgeschwistern, einen Punkt zu suchen, der einfach feststeht und an dem keine Kirchenkrise rütteln kann. Etwas Unantastbar Heiliges, das mir bewusstmacht: Gott ist da, ganz nah. Für andere Menschen kann dies etwas anderes sein, die Eucharistie ist, wenn auch heilig, kein Allheilmittel für jede Lebenslage. Jeder Mensch braucht dieses unantastbar Heilige: das Geheimnis, in dem er heimisch ist und das bleibt, wenn scheinbar nichts bleibt. Ich ermutige dazu, danach zu suchen, denn man muss es bereits haben, wenn man es braucht.

Von offenen und geschlossenen Türen

Die Kirchen in Deutschland haben ein wunderbar aufgestelltes soziales Netz. In meiner Stadt gibt es Diakonie und Caritas mit einer Fülle von Einrichtungen, Beratungsstellen für alle möglichen und unmöglichen Lebenslagen, diese Einrichtungen konkurrieren teilweise sogar miteinander. So saßen die Beratungsstellen der Diözese und des Caritas-Verbandes über lange Zeit in einem gemeinsamen Haus. Hinzu kommt noch der Sozialdienst katholischer Frauen, der ebenfalls Beratung anbietet. Alles super professionell, wofür ich sehr dankbar bin.

Die vier Senioren- und Pflegeheime und das Krankenhaus haben rund um die Uhr geöffnet. Bei allen anderen Stellen jedoch muss man vorher Termine vereinbaren, zwischen Montagmorgen und Freitagmittag ist da vieles möglich. Doch wer hilft zwischen

Freitagmittag und Montagmorgen? Das sind die Ehrenamtlichen! In einer Stadt hatte der Caritas-Verband Geld für einen hauptamtlichen Pressesprecher, nicht jedoch für einen gemeinsamen Seelsorger mit halber Stelle für vier Senioreneinrichtungen. Hauptsache, die Außenwirkung stimmt. Es ist genug Geld vorhanden für drei hochbezahlte Vorstände, nicht jedoch für ein Fair-Café gemeinsam mit der Kirchengemeinde. Caritas will gerne Kirche sein, wenn es nichts kostet. Was lässt sich die Kirche die Caritas kosten, über die staatliche Refinanzierung hinaus? Und was lässt sich die Caritas die Kirche kosten, jenseits bürgerlicher Anständigkeit?

Die interessantesten Erfahrungen habe ich hier auf dem Gebiet des Kirchenasyls gemacht. In einer früheren Gemeinde wurde dieses Thema sofort abgeblockt, weil ein Gremienmitglied hauptberuflich mit Abschiebungen zu tun hatte. Der Bau eines Flüchtlingsheims wurde von den Anwohnern bekämpft, die um den Werterhalt ihrer eigenen Immobilie fürchteten. Als es wenigstens in der Theorie um die Unterbringung von Asylsuchenden und Geflüchteten ging, hieß es lapidar, der Pfarrer hätte ja noch ein Gästezimmer. In meiner jetzigen Pfarrei ging der Caritas-Verband auf mich zu, man bräuchte dringend eine Unterkunft für ein Kirchenasyl. So dringend war es dann jedoch auch wieder nicht, die Mitarbeiterin ging erst einmal in Urlaub. Dennoch habe ich mich um eine Wohnung bemüht. Als sich in eigenen Gebäuden wegen Umbaumaßnahmen keine fand, habe ich bei den acht Nachbarpfarrern nachgefragt. Zwei haben sich direkt und schnell zurückgemeldet und abgesagt, scheinbar ohne wirklich nachzudenken, offenbar scheuten sie Ärger und Aufwand. Einen davon wies ich daraufhin auf eine Möglichkeit hin, die mir bekannt war, erhielt darauf jedoch keine Rückmeldung mehr. Ein anderer rief mich an und bedauerte, er habe keine Möglichkeit der Unterbringung, sagte dann aber jede andere erdenkliche

Hilfe zu. Ein weiterer schließlich nahm die Asylsuchenden auf, um sie vor der Abschiebung zu retten. Vier Kollegen machten sich nicht einmal die Mühe, in irgendeiner Form auf meine Anfrage zu antworten.

Ich finde diesen Vorgang symptomatisch für die gut verwaltete deutsche Kirche. Das soziale Netz funktioniert innerhalb des staatlichen Systems ziemlich gut. Das heißt: Was refinanziert wird und in die tariflich geregelte Arbeitszeit fällt, wird garantiert professionell erledigt. Doch wehe dem, der durch dieses soziale Netz hindurchfällt. Ihm können nur noch wenige Stellen helfen: unermüdliche Ehrenamtliche, die auch am Wochenende christlich leben, sowie die Seelsorgerinnen und Seelsorger, die nicht nur Dienst nach Vorschrift machen. Die offene Kirchentür ist für mich von daher ein Kennzeichen der Treue zu Christus: »Was immer ihr einem dieser meiner geringsten Brüder getan habt, das habt ihr mir getan« (Matthäus 25,40). Doch allzu oft bringen Hilfesuchende eine Ruhestörung mit sich. Meiner Meinung nach handelt es sich um eine heilsame Unruhe. Es könnte ja Christus sein, der vor der Tür steht. Ich habe mir vorgenommen, mich für den Erhalt eines Hauses einzusetzen, in dem nichtsesshafte Männer eine Zeitlang wohnen können und in dem ständig eine kleine Wohnung für das Kirchenasyl bereitgestellt wird.

»Jesus, sei mir Jesus«, habe ich Philipp Neri zitiert. Das klingt mystisch und es kostet einen nicht viel. Immerhin ist es eine gute Motivation, dranzubleiben. Ich möchte deshalb ergänzen: Der »Jesus zwischen uns« ist wichtiger als der »Jesus in uns« oder gar der »Jesus in mir«, weil er praktischer ist, hilfreicher, und weil er Jesus nicht zum Besitz eines einzelnen Frommen macht. Es kommt darauf an, was dabei herauskommt. Erst im Alltag zeigt sich, ob die Sache stimmt.

Dranbleiben – aber wie?

- regelmäßig beten, allein und in Gemeinschaft
- täglich in der Bibel lesen
- ein Geheimnis bewahren – und darin zu Hause sein
- durchhalten – nicht nur auf Innerlichkeit und Erlebnis setzen
- mindestens einem Armen konkret helfen

Sich unabhängig machen

Es gibt so manches in der Kirche, zu dem gehe ich lieber auf Abstand. Ich brauche das für die Gesundheit meiner Seele. Reformen sind dringend und zwingend notwendig, doch was ich nicht ändern kann, nehme ich nicht nur hin – ich ignoriere es, soweit es geht, um nicht daran zu verzweifeln. Was hat das mit Dranbleiben zu tun?

Downsizing der Monarchie

Die katholische Kirche ist eine absolutistische Monarchie. Es gibt keine Gewaltenteilung, der Bischof hat alle ausführende, gesetzgebende und richterliche Macht. Diese Macht ist nur nach oben begrenzt, der Papst allein – wieder ein Monarch – hat sozusagen nicht nur die Dienst- und Fachaufsicht, sondern die absolute Gewalt. Eine Machtbegrenzung oder gar Kontrolle nach unten gibt es nicht, sämtliche diözesanen Gremien mit Ausnahme des Kirchensteuerrats haben ausschließlich Beratungsfunktion. Viel hängt davon ab, ob man einen guten Bischof hat und sich mit ihm auch gut versteht. Wer etwas erreichen will, muss bei einem guten Bischof gute Argumente haben und bei einem schlechten Bischof lobhudeln und schleimen.

Das hat Folgen: Es entsteht ein System von Anpassung und Angst. Höhere Kirchenämter sind oft denen vorbehalten, die sich schon als Studenten dem System anpassen und sich einflussreichen Gönnern andienen. Das ist der Grund dafür, dass die meisten Bischöfe nur wenig kreativ sind, sie können und wollen das System, das sie gefördert hat, nicht in Frage stellen. So entsteht um einen katholischen Bischof herum schnell ein Kreis von Speichelleckern. Wer in solch einem Kreis niemals widerspricht, hat große Chancen, beispielsweise Privatsekretär des Bischofs zu werden, ein idealer Ausgangspunkt für die eigene Karriere und den Aufbau eines Netzwerks, das einem später dienlich sein könnte. Die Höflinge bekommen dann im Laufe der Zeit eine Funktion und Wirkung wie Thomas Cromwell für Heinrich VIII. in England. Der damalige König wurde erst durch seinen Berater zu einem brutalen Tyrannen. Schleimer und Speichellecker hatten schon häufig einen negativen Einfluss auf den Monarchen, von dessen Ruhm sie ein kleines Häppchen abbekommen wollten. Der Monarch wurde zum Tyrannen, das System wurde totalitär. Das Problem ist die Monarchie!

Überhaupt ist das Auswahlverfahren für Bischöfe undurchsichtig. Zwar haben die einzelnen Bistümer Wahlordnungen, die im jeweiligen Konkordat geregelt sind. Meistens ist nur das Domkapitel wahlberechtigt, nicht das Volk Gottes. Wird beispielsweise aus einer Dreierliste gewählt, kann es durchaus sein, dass zwei Kandidaten von vorneherein ungeeignet und von daher unwählbar sind, so dass der von Rom vorab Erwählte die besten Chancen hat. Ein Dompropst erzählte mir beispielsweise einmal, man hätte »zwischen einem Blinden und einem Lahmen und einem halbwegs akzeptablen Kompromisskandidaten« wählen können. Die Beispiele hat er sicherlich nicht despektierlich gemeint, sondern nur als Metapher. Dennoch spricht diese Aussage Bände. Vor einer Bischofswahl werden enge Vertraute des Kandidaten geheim befragt und um eine Stellungnahme gebeten. In einer

solchen Stellungnahme stand über einen Bischofskandidaten geschrieben, er kenne nur sich selbst und wolle unbedingt herr-
schen. Genau dieser Kandidat wurde gewählt, denn wer nach
unten autoritär sein kann, wird nach oben gehorsam sein, loyal
und berechenbar.

Ein anderes Beispiel: Ein junger Priester fuhr mit zwei Priester-
amtskandidaten regelmäßig in Urlaub. Nachdem aus dem jungen
Priester ein junger einflussreicher Bischof geworden war, empfing
auch der zweite Urlaubspartner die Bischofsweihe, einige Jahre
später der dritte. Nun können drei Bischöfe gemeinsam Urlaub
machen. Ob sie ihrem Amt gewachsen sind, war weniger wichtig als die Seilschaft, die sie im Laufe der Zeit freundschaftlich
aufgebaut hatten. Alle Monarchien funktionieren nach diesem
Klüngelprinzip, nicht nach Kompetenz und Kreativität. Wenn
sie dennoch funktionieren, ist es bloß ein Zufall. Wen wundert's,
dass die katholische Kirche so reformresistent ist!

Das monarchische Bischofsamt ähnelt der Hofhaltung des früheren Hochadels, so dass es schwer ist, überhaupt einen Gesprächs-
termin bei manchem Bischof zu bekommen. Er wird nach außen
abgeschottet, das Meiste erledigen seine engsten Mitarbeiter. Das
mittelalterliche Erscheinen mit Ring, Stab und Mitra tut sein Üb-
riges, es geht dabei buchstäblich darum, dass jemand größer erscheinen möchte, als er ist. Wobei ich mir vorstellen kann, dass
mancher Bischof diesen Auftritt noch unter seiner persönlichen
Demut verbucht, denn eigentlich möchte er ganz bescheiden sein,
nur sein Gehorsam gegenüber der Kirche verlangt von ihm, so
herumzulaufen. »Der Karneval ist vorbei«, soll Papst Franziskus
gesagt haben, als man ihm kurz nach seiner Wahl die feierlichen
Gewänder hingelegt hatte. Und ein Jugendlicher sagte nach seiner
Firmung: »Der Bischof sollte nicht nur einen großen Hut auf dem

Kopf, sondern einen Arsch in der Hose haben.« Offenbar hatte er die Diskrepanz zwischen ängstlicher Identität und monarchischem Auftreten intuitiv gespürt.

Als mich einmal ein Bischof angerufen hat, wollte er mir nur schnell etwas mitteilen. Ich musste ihn, was ansonsten überhaupt nicht meine Art ist, unterbrechen, um überhaupt einmal zu Wort zu kommen. Meine Fragen beantwortete er nur ausweichend. Nach einer weiteren Frage wünschte er mir alles Gute und legte einfach auf. Das ist der monarchische Stil, nicht kollegial, sondern von oben herab. Das Interesse an mir war nur vorgespielt, im Grunde genommen war es eine Machtdemonstration. Selbst der Erzengel Gabriel ließ eine kritische Nachfrage zu, als er Maria verkündete, sie solle die Mutter des Erlösers werden: »Wie soll dies geschehen?« (Lukas 1,34). Manche Bischöfe und wohl auch Pfarrer lassen dies erst gar nicht zu. Man könnte hier einwenden, es gäbe auch woanders autoritäre Chefs. Die Herrschaft der klerikalen Chefs jedoch ist subtiler – sie treten mit einer eingebildeten sakralen Autorität auf, mit numinoser Macht, und nicht nur mit Chefallüren. Sie agieren nicht wie Firmenchefs, sondern wie Clanchefs: Widerspruch unmöglich. Ein Weihbischof warf einer Kollegin vor, sie hätte ja überhaupt keine Ehrfurcht vor ihm. Darauf hat sie spontan geantwortet: »Ich habe tatsächlich keine Ehrfurcht vor Ihrem Amt, wohl aber vor Ihnen als Mensch wie vor jedem anderen Menschen auch.«

Das Problem sind gar nicht die Mächtigen, sondern die vielen, die keine Macht haben, aber schweigen. Sie verleihen den Mächtigen erst ihre Macht. Es gibt immer noch eine gewisse Archaik, die dafür sorgt, dass man kirchliche Autoritäten nicht kritisiert. Viele kirchliche Angestellte distanzieren sich vom System, aber nur, solange kein Bischof oder Generalvikar in der Nähe ist. In deren

Nähe nämlich werden alle vormals Mutigen wieder zu kleinen Kindern, zu frommen Töchtern und Söhnen eines vermeintlich geistlichen Vaters, eben ihres Clanchefs.

Das Problem ist die familienhafte Struktur der Kirche. Maria und die Kirche selbst werden als Mutter deklariert, Papst, Bischöfe und Priester als Väter. Es gibt Patres und Fratres, einfache Gläubige werden als Schwestern und Brüder angeredet, sind also angeblich Geschwister. Was Mutter Oberin und Vater Abt (übrigens ein Pleonasmus) sagen, hat Bedeutung und kommt nahe heran an die Stimme Jesu Christi selbst. Wo aber familienhafte Strukturen am Werk sind, werden Untergebene wieder zu Kindern, die gehorchen müssen. Welche Kinder kritisieren in der Öffentlichkeit ihre Eltern? Da können sich schon eher die Eltern erlauben, ihre Kinder zur Ordnung zu rufen. Familienhafte Strukturen führen zu Schweigekartellen und geheimen Seilschaften. Es gibt sie außer in der Kirche noch im Adel und bei der Mafia sowie bei osteuropäischen oder orientalischen Clans. Eine ältere Christin beschwerte sich über meine öffentliche Kritik an manchen Strukturen der Kirche: »Die Kirche ist doch unsere Mutter, und seine Mutter schlägt man nicht.« Diese Aussage bringt das Problem der familienhaften Strukturen auf den Punkt: Auch konstruktive Kritik ist verboten, sie wird sogar mit Gewalt gleichgesetzt, stattdessen wird alles mit dem Mantel der Liebe und des Gehorsams zugedeckt.

Wir brauchen deshalb in der Kirche weltliche Amtsbezeichnungen und zeitlich befristete Ämter. An dieser Stelle werden sich konservative Theologen und vor allem hohe Amtsträger die Haare raufen. Denn die katholische Amtstheologie ist stark christologisch geprägt. Das bedeutet: Das Amt begründet sich von der Autorität Jesu Christi her, sozusagen von oben. Christus ist der eigentliche

Herr der Kirche, der durch die geweihten Amtsträger repräsentiert wird. Und wie man Christus nicht demokratisch zum Messias auf Zeit wählen kann, so kann man eben auch niemanden für eine begrenzte Zeit in ein kirchliches Amt wählen. Das Amt wird einem durch die Weihe auf den Leib geschnitten und in die Seele eingeprägt.

Selbstverständlich repräsentiert der Amtsträger auch die Kirche, verstanden als die Gemeinschaft der Getauften. Und selbstverständlich dient das Amtspriestertum zunächst dem gemeinsamen Priestertum aller Gläubigen. Aber das Amt sozusagen von unten aufzubauen, kommt den meisten Kirchenfürsten doch sehr protestantisch vor, es würde dem geweihten Amtsträger den Nimbus des Magischen und Numinosen nehmen und ihn zu einem ganz normalen Christen mit einem besonderen Dienstamt machen. Beim vorrangig christologisch begründeten Amtsverständnis hat man meines Erachtens ein archaisches Bild der Monarchie auf Christus projiziert, um es anschließend wieder auf geweihte Amtsträger übertragen zu können. Das heißt, man lässt geweihte Amtsträger wie Monarchen auftreten und begründet das dann anschließend von Jesus her, der sich jedoch stets geweigert hat, den König zu spielen (Johannes 6,15). Das monarchische Christusbild ist bereits eine historisch bedingte Interpretation, vielleicht sogar eine Wunschvorstellung mancher Mächtiger (*Pantokrator* in Byzanz, *Pontifex* in Rom). Anders das vorrangig pneumatologisch-ekklesiologisch, also vom Heiligen Geist und der Kirche her begründete Amtsverständnis: Es sieht den geweihten Amtsträger zunächst als Teil der kirchlichen Gemeinschaft, die von Gottes Geist beseelt ist. Er hätte nicht weniger Autorität, aber seine Macht wäre begrenzt. Dieses Amtsverständnis sieht die Gemeinschaft der Christen als ganze. Bedenkt man, dass auch die sakramentale Gegenwart Jesu Christi in seiner Kirche geistgewirkt ist, erschließt sich dieses Kirchenbild und Amtsverständnis eigentlich wie von selbst. Es verhindert Machtmissbrauch, weil es kontrollierbar ist.

Auch die Amtsbezeichnungen sind problematisch. Der *Diakon* ist der *Diener*, geweiht um »an den Tischen Dienst (zu) tun« (Apostelschichte 6,2), also zu Diakonie, Caritas, Sozialarbeit. Doch meistens agieren Diakone mittlerweile allein wegen des Priestermangels als kleine Priester, sie leiten Gottesdienste, predigen und spenden die ihnen zukommenden Sakramente. Eigentlich sollten sie die amtlichen Sozialarbeiter der Gemeinde sein und nur aus dieser Position heraus auch verkündigen und Sakramente spenden. Bereits der erste Diakon Stephanus tritt im Neuen Testament nicht als geistlicher Sozialarbeiter, sondern als Prediger auf (Apostelgeschichte 7). Priester kommt eigentlich von *Presbyter* (*Ältester*), also dem Vorsteher einer Versammlung, wird aber gerne mit dem heidnischen Kultpriester (*Sacerdos*, *Hiereus*) verwechselt, der Opfer darbringt und stellvertretend für die Gläubigen mit der Gottheit, für die er zuständig ist, Handel rund um Schuld und Sühne, um Gabe (Opfer) und Gegengabe (Segen) treibt. Der *Bischof* schließlich ist eigentlich nur der Aufseher (griechisch *episkopos*), also ein Supervisor. Mit darüberhinausgehenden Ehrentiteln hat man in früheren Generationen Priester dem System gegenüber gefügig gemacht, denn wer einmal *Prälat, Monsignore* oder sonst etwas geworden war, fühlte sich besonders auserwählt, war mit seinen Vorgesetzten aufs Engste verbunden und ihnen zeitlebens dankbar ergeben. »Ich gehöre schließlich auch zur päpstlichen Familie«, sagte ein Prälat sehr stolz, als er in Rom eine Gruppe von Pilgern führte. Da haben wir sie wieder, die familienhaften Strukturen, die jede Kritik und damit jede Entwicklung behindern. Man stelle sich einmal Jesus in den Gewändern seiner Kirche vor: Herr Prälat Jesus, seine Eminenz Jesus, Monsignore Jesus – lächerlich!

Der Priesterrat einer deutschen Diözese hatte alle Ehrentitel abgeschafft. Einen besonders ergebenen und fleißigen, aber intellektuell etwas schlichten Priester nannte der angesehene Bischof einmal im Scherz »Herr Prälat«, woraufhin jener seinen Scherz-Titel bis zum Tod mit großem Stolz und feierlichem Ernst geführt hat. Und dabei war das Ganze tatsächlich nur ein Witz! Als der Bischof emeritiert wurde, entstand ein Machtvakuum, und schnell wurden nun tatsächlich einige Priester zu Prälaten ernannt. Das römische System von Abhängigkeit und Gehorsam, von Anpassung und Angst funktionierte perfekt.

Wenn ein Monarch sein Amt aufgab, sagte man früher, er habe abgedankt. Und für abdanken gebrauchte man das Wort resignieren, wörtlich »das Siegel zurückgeben«. Dieses Wort hat eine sehr aussagekräftige Doppeldeutigkeit – resignieren als aufgeben, weil man enttäuscht ist und keine Lust mehr hat, oder als aufgeben eines Amtes. Resigniert im ersten Sinn haben die meisten unserer Kirchenfürsten längst, einfach weil sie keinen Mut zu Reformen haben und nur ihr altes Kirchenbild verteidigen; nun wird es Zeit, dass sie tatsächlich abdanken. Darin steckt auch das Danken: Wir bedanken uns artig für ihren Dienst, machen aber jetzt synodal weiter. Dann wäre resignieren genau das Gegenteil: Ausdruck von Mut und innerer Freiheit. Benedikt XVI. hatte einen solchen Mut, eine solche innere Freiheit. Und genau das hat den Weg frei gemacht für Entwicklung und Neuanfang. Er konnte abdanken, von seiner Person absehen und sich selbst relativieren. Herausgehalten hat er sich trotzdem nicht, schade!

Wie nötig das Downsizing der Monarchie ist, zeigt eine geradezu skurrile, aber wirklich wahre Begebenheit aus einer meiner früheren Pfarreien: Zur Kirchengemeinde gehörte eine kleine Wallfahrtskapelle. Bis ins 19. Jahrhundert hinein pilgerten dorthin zahlreiche Gläubige aus der gesamten Region. Doch nachdem die Marienfigur gestohlen worden war, hörten die Wallfahrten schlagartig auf. Kein Wunder, denn – magisch, wie die meisten Katholiken damals waren – es war ja kein Wunder mehr zu erwarten. Nur mit der richtigen Madonna konnte man hoffen, nicht nur ein blaues, sondern eben ein richtiges Wunder zu erleben. Eine Ersatzmadonna konnte nicht richtig funktionieren.

Trotz des großen Marienklaus erfreute sich die Kapelle weiterhin großer Beliebtheit. Nicht nur für kleinere Wallfahrten aus der Umgebung, sondern nun vor allem für Hochzeiten und Ehejubiläen. Dabei kamen Menschen aus nah und fern. Die meisten fragten dann, bevor sie richtig beten konnten, nach einer Toilette. Man hatte eben längere Zeit im Auto oder im Bus gesessen, oder man war eine lange Wegstrecke zu Fuß gegangen. Mit dem Wunsch der Gläubigen nach einer Toilette hatte ich einige Jahre lang die Bauabteilung des Generalvikariats behelligt, doch ich bekam jedes Mal zur Antwort: »Das ging doch nun schon dreihundert Jahre ohne, wozu brauchen Sie jetzt auf einmal ein Kapellenklo?«

Einige Jahre später kam der Bischof zur Visitation. Frühmorgens wollte er eine heilige Messe in der kleinen Wallfahrtskapelle feiern. Doch weil auch er zuvor schon eine Stunde im Auto gesessen hatte, fragte er unmittelbar vor der heiligen Messe: »Habt ihr hier ein Klo?« »Nein«, antwortete ich, »wir haben hier kein Klo«. »Warum habt ihr denn keins?«, meinte der Bischof mit einem süffisanten Lächeln. »Weil Ihr Bauamt mir schon seit einigen Jahren sagt, es sei doch jetzt dreihundert Jahre ohne gegangen.« Da lachte der Bischof lauthals, wie ich noch nie zuvor einen Bischof habe lachen hören.

Doch wohin sollte ich jetzt mit dem Bischof gehen? Am besten, so dachte ich mir, zu Frau Meyer. Die war über Jahrzehnte hinweg die Küsterin der Kapelle, und sie würde sich sicher über einen Besuch des Bischofs freuen, wenn auch über einen sehr ungewöhnlichen und wohl auch recht kurzen. Also klingelten wir bei Frau Meyer. Die gute alte ehemalige Küsterin war jedoch schon in die Jahre gekommen und pflegebedürftig. Ihre Tochter öffnete die Tür, ich fragte freundlich nach der Möglichkeit eines bischöflichen Toilettenbesuchs, der auch prompt gewährt wurde. Nur dass Frau Meyer gerade im Bad war mitsamt ihrer Krankenpflegerin. Also, ganz einfach, Frau Meyer raus, Bischof rein. Als der Bischof nach kurzer Zeit das Bad erleichtert wieder verließ, traf er Frau Meyer wartend im Flur und segnete sie. »Habe ich das nicht gut gemacht?«, fragte er die alte Dame. »Ja, sehr gut«, antwortete sie. Selbstverständlich meinten beide den Segen.

Die Wartezeit im Flur von Frau Meyer gehört zu meinen kreativsten in dem ansonsten langwierigen und oftmals zermürbenden Verhandlungsmarathon mit kirchlichen Behörden. Auf dem Rückweg von Meyers zur Kapelle – das Pontifikalamt sollte in nunmehr vier Minuten beginnen – fragte ich den Bischof, die Gelegenheit beim Schopfe packend: »Was soll ich denn jetzt Ihrem Bauamt sagen bezüglich einer Toilette für die Pilger?« »Sagen Sie denen«, antwortete der Bischof, »man soll eine bauen.«

Das ließ ich mir selbstverständlich nicht zweimal sagen. Unmittelbar nach der heiligen Messe habe ich beim bischöflichen Bauamt angerufen. »Ich habe jetzt ein Argument für unser Pilger-WC. Der Bischof musste, und weil er bei uns nicht müssen konnte, durfte er bei Meyers müssen. Und er meinte, man solle jetzt schleunigst eine Toilette für die Kapelle bauen.« »Ja, wenn das so ist, dann beauftragen Sie mal einen Architekten«, lautete die spontane Antwort. Auch das war fünf Minuten später schon erledigt. Erste Pläne gab es sofort, doch weil es auch noch zweite und dritte Pläne geben musste – Behörden arbeiten immer gründlich und erwägen alle Argumente und Alternativen aktenfüllend und mit äußerster Präzision –, stand das Pilger-WC auch nach drei Jahren Planungszeit noch nicht. Zwischenzeitlich sind die Kosten dadurch gesenkt worden, dass man das Kapellenklo zum Prototypen einer ganzen Reihe von zwar noch gar nicht benötigten, aber auf jeden Fall irgendwann einmal möglichen Pilger-WCs erwählt hatte, damit weitere Wallfahrtsstätten nicht ähnlich lange Planungsphasen durchlaufen müssten und man, wenn man nötig musste, auch schnell müssen konnte. So wäre man demnächst einheitlich, genormt und erkennbar, wenn es auf Wallfahrten geschäftlich würde.

Noch heute muss ich darüber schmunzeln. Zugleich hatte mich das ganze Prozedere auch nachdenklich gemacht. Dreihundert Jahre lang pilgerte man zur Madonna ohne Toilette; man baute keine, weil niemand auf die Idee kam, weil vielleicht sogar alle bei Meyers klingelten und es deshalb offensichtlich wirklich ohne ging. Die Bedürfnisse des einfachen Volkes waren offenbar allzu alltäglich, um erfüllt zu werden, selbst wenn es sich um die allereinfachsten Bedürfnisse handelte. Wenn aber ein Bischof muss, wird eine Toilette gebaut. Hand aufs Herz: Ist das nicht Absolutismus? »Ich bin der Staat«, behaupteten einst die Könige, die sich zudem noch von Gottes Gnaden erwählt wähnten. Das ganze Volk bestand im Grunde genommen nur aus seinem Fürsten, der Rest war Nebensache, Untertan. Ich bin erschrocken, dass auch Behörden heute offensichtlich mehr auf ihren Fürsten hören als auf die Argumente des Volkes, also derer, die das Ganze wirklich brauchen, die es tatsächlich nutzen und vor allem durch ihre Kirchensteuer finanzieren. Dranbleiben können wir alle nur miteinander!

Spiritualität der Gemeinschaft

Ich bin dankbar für alles, was ich nicht kann. Selbstverständlich danke ich Gott auch für meine eigenen Fähigkeiten. Ich fühle mich wohl in meiner Haut und in seiner Welt. Und doch freue ich mich auch an dem, was ich nicht kann. Es zeigt mir, dass ich angewiesen bin auf andere. Gott schenkt mir durch andere das, was er mir nicht geschenkt hat. »Einer trage des anderen Last; so werdet ihr das Gesetz Christi erfüllen«, formuliert Paulus (Galater 6,2). Unübertroffen klar hat Papst Johannes Paul II. dies in seinem Apostolischen Schreiben zum neuen Jahrtausend zum Ausdruck gebracht (*Novo Millennio Ineunte*, 2001). Ich gebe zu, dass ich Texte von ihm selten zitiere, da ich eine starke Diskrepanz zwischen seiner politischen Weltwirksamkeit und Integrität nach außen und seiner zentralistisch-integralistischen Kirchenpolitik nach innen wahrnehme. Papst Johannes Paul II. war eine großartige charismatische Persönlichkeit, sein restriktiver Umgang mit Befreiungstheologen und Basisgemeinden auf der einen und seine Milde klerikalen Kriminellen gegenüber auf der anderen Seite hatte allerdings auch etwas Verbrecherisches, das dem »Santo Subito« diametral widerspricht. Wo Licht ist, da ist auch Schatten.

Den folgenden Text dieses Papstes jedoch empfehle ich jeder Christin und jedem Christen zu lesen, zu internalisieren und zu leben. Es geht um den Abschnitt über die *Spiritualität der Gemeinschaft*, aus dem ich einige Verse zitiere: »Vor der Planung konkreter Initiativen gilt es, eine Spiritualität der Gemeinschaft zu fördern. Spiritualität der Gemeinschaft bedeutet die Fähigkeit, den Bruder und die Schwester im Glauben in der tiefen Einheit des mystischen Leibes zu erkennen, das heißt, es geht um ›einen, der zu mir gehört‹, damit ich seine Freuden und seine Leiden teilen, seine Wünsche erahnen ... und ihm schließlich echte, tiefe Freundschaft anbieten kann. Spiritualität der Gemeinschaft ist auch die Fähigkeit, vor allem das Positive im anderen zu sehen, um es als Gottesgeschenk anzunehmen und zu schätzen: nicht nur ein Geschenk für den anderen, der es direkt empfangen hat, sondern auch ein ›Geschenk für mich‹. Spiritualität der Gemeinschaft heißt schließlich, dem Bruder und der Schwester ›Platz machen‹ können, indem ›einer des anderen Last trägt‹ und den egoistischen Versuchungen widersteht, die uns dauernd bedrohen und Rivalität, Misstrauen und Eifersüchteleien erzeugen. Ohne diesen geistlichen Weg würden die äußeren Mittel der Gemeinschaft recht wenig nützen. Sie würden zu seelenlosen Apparaten werden.« Noch einfacher sagt es der Apostel Paulus: »Es gibt verschiedene Gnadengaben, aber es ist derselbe Geist. Es gibt verschiedene Dienste, aber es ist derselbe Herr. Es gibt verschiedene Kräfte, aber es ist derselbe Gott, der alles in allen wirkt. Jedem aber wird die Offenbarung des Geistes verliehen zum allgemeinen Nutzen« (1 Korinther 12,4–7). Das Kriterium der Echtheit einer Geistesgabe ist immer, dass sie für andere ist. Selbstbezüglichkeit ist immer ungeistlich – und Gemeinschaft ist das, was uns trägt und hält. Kreative Ideen, mutige Aufbrüche, inspirierende Initiativen sind wichtig. Doch das Wissen darum, dass es in der Gemeinschaft das gibt, was ich nicht kann und habe, ist essenziell für die Frage, warum man denn überhaupt noch dabei bleiben soll; bei dem »Laden« und bei der Gemeinschaft.

Geistliche Entwicklung und mutige Emanzipation

Geistliche Entwicklung ist der Weg von der Magie zur Mystik, von einer naiv-magischen Religiosität zu einem aufgeklärt-mystischen Glauben. Bleibt diese Entwicklung aus oder endet sie

vorzeitig, wird ein Mensch zeitlebens im Kinderglauben stecken-
bleiben oder sich pubertär an Autoritäten abarbeiten. Erst ein er-
wachsener Christ jedoch kann seinen eigenen Gotteserfahrungen
trauen, sich von Autoritäten emanzipieren und sich seiner eigenen
Berufung und Sendung bewusst werden.

Ein biblisches Beispiel dafür ist die Taufe Jesu im Jordan (Matthäus 3,13–17; Markus 1,9–11; Lukas 3,21–22). Sie ist das
erste historisch sichere Ereignis im Leben Jesu. Die Kindheitsgeschichten nach Matthäus und Lukas sind theologische Legenden, sie bieten eine große Erzählung rund um die Geburt Jesu
sowie eine ganz kleine Begebenheit aus seinem zwölften Lebensjahr. Dann ist achtzehn Jahre lang Erzählpause. Jesus mag den Beruf des Bauhandwerkers erlernt haben und auf eine Synagogen-
schule gegangen sein.

Vor allem aber gehörte er höchstwahrscheinlich zu den Jüngern
Johannes des Täufers. Mehrere Hinweise deuten darauf hin, dass
Johannes der Täufer einer von den Essenern gewesen sein könnte,
die in Qumran in der judäischen Wüste westlich des Toten Meeres
eine Art Klostergemeinschaft bildeten. Sie hatten sich vom selbst-
gerechten religiösen Establishment des Jerusalemer Tempels gelöst und versuchten, durch ein frommes, gelehrtes, gesetzestreues
und asketisches Leben dem Kommen des Messias auf die Sprünge
zu helfen. Johannes predigte in der Wüste, taufte am Jordan und
hielt Bußpredigten, um die Menschen auf die Ankunft des Messias und das Gottesgericht vorzubereiten. Dass Jesus eine Zeitlang
einer seiner Jünger gewesen sein kann, ist daraus abzulesen, dass
die Kindheitsgeschichten beide Personen in ein Verwandtschafts-
verhältnis setzen und die Geburt des Johannes ähnlich wunderbare Begleiterscheinungen aufweist wie bei Jesus. Hier liegt womöglich eine Erinnerung vor, die später weiterverarbeitet worden

ist, die Beziehung zwischen Jesus und Johannes wurde sozusagen in ihre beiden Kindheitsgeschichten hinein vordatiert. Außerdem schickt Johannes zwei seiner Jünger zu Jesus weiter und arbeitet sich selbst, als er bereits im Gefängnis sitzt, deutlich an ihm und seinen Jüngern ab (Johannes 1,35–37; Matthäus 11,2–6). Johannes gilt als strenger Asket, Jesus als Fresser und Säufer (Matthäus 11,18–19). Aus der anfänglichen Meister-Jünger-Beziehung wird eine deutlich spürbare Abgrenzung.

Jesus entwickelt sich weiter und beginnt, seiner eigenen Gotteserfahrung mehr zu trauen als dem, was er bei Johannes gelernt hat. Jesus erfährt Gott, anders als der Bußprediger Johannes, als einen Vater, den er liebevoll *Abba* nennt. Dieses aramäische Wort muss bei den frühen Christen eine hohe Bedeutung gehabt haben, was daran zu erkennen ist, dass es von Paulus ebenfalls unübersetzt zitiert wird (Römer 8,15). Jesus verkündet das Reich Gottes, kein Strafgericht; er lebt aus der zuvorkommenden Liebe seines Abba-Vaters und nicht aus Angst vor dessen Zorn. Mit seiner eigenen Gotteserfahrung emanzipiert sich Jesus von der Predigt des Johannes. Er lässt die Taufe zwar noch über sich ergehen (Matthäus 3,15: »Lass es jetzt zu«), um sich als Mensch ganz und gar auf die Welt einzulassen. Bald darauf aber beginnt er, öffentlich zu predigen und zu heilen. Aus dem Johannes-Schüler ist der Rabbi Jesus geworden, der *Rabbuni*, der aus eigenen Quellen schöpft, nämlich aus der unerschöpflichen, unverdienten, bedingungslosen und leistungsfreien Liebe Gottes.

Für mich ist das ein Beispiel geistlicher Entwicklung: Indem wir unseren eigenen Gotteserfahrungen trauen, emanzipieren wir uns von unseren Glaubensvorbildern und Autoritäten und machen uns aufgrund der eigenen Berufung und Sendung auf den Weg. Wir beginnen, als Christen öffentlich zu wirken, zu verkünden und zu heilen – wie Jesus, der Christus. Fürs Dranbleiben bedeutet das: Wer seiner eigenen Erfahrung traut, muss bisherige Vorbilder und Autoritäten nicht ignorieren, er kann sich aber von ihnen emanzipieren. Mein Umgang mit kirchlichen Autoritäten geht in diese Richtung. Ich glaube nicht an oder aufgrund von Papst, Kurie und Bischöfen. Um das Evangelium zu verstehen und zu leben, brauche ich diesen Personenkreis nicht. Ich glaube, weil ich eigene Erfahrungen mit Jesus gemacht habe, die ich mit anderen Christen teilen kann und die schon dadurch »kirchlich« werden.

Die Angepassten ignorieren

Reformbemühungen in der katholischen Kirche orientieren sich zumeist am kleinsten gemeinsamen Nenner. Der aber ist, wie der Name schon sagt, sehr klein. Also geschieht nichts. Man einigt sich auf das bereits Bekannte und nimmt Rücksicht auf die Eitelkeit und Selbstbezogenheit der Hierarchie. Also geschieht noch weniger als nichts. Es können noch so viele Menschen aus der Kirche austreten, die Hierarchie bleibt. Als wenn das Sendungsbewusstsein eines einzelnen Kardinals mehr Wert hätte als die Berufung und Sendung tausender Christinnen und Christen! Es ist ein Jammer, denn mit einer guten Kirchenbindung ließe sich einfacher und tiefer glauben und leichter verkündigen. Weite Teile der kirchlichen Hierarchie haben durch ihre unglaubwürdige Selbstbezüglichkeit diese missionarische Chance vertan und die Gläubigen alleingelassen.

Einige Gedankenspiele zum Thema, bewusst als Frage formuliert, damit meine Verkündigung und mein Leben mit der Kirche nicht an dienstrechtlichen Konsequenzen scheitern können: Was wäre eigentlich, wenn eine ganze Gemeinde geschlossen aus der Kirche austräte? Wem gehörten dann die Kirchen, die Immobilien? Eine Pfarrei ist eine Körperschaft öffentlichen Rechts. Würden alle ihre Mitglieder aus der Kirche austreten, fiele dann alles juristisch wieder an das Bistum zurück, oder könnte die Gemeinde ganz von vorn beginnen? Letzten Endes beruht die Macht der Bischöfe auf der Kirchensteuer, denn wer das Geld verteilt, der hat die Macht. Der aufmerksame Leser wird bemerken, dass ich kein Kirchenrechtler bin und diese Zusammenhänge nur als Frage formulieren kann. Aber das Gedankenspiel lohnt sich. Was würde aus einer Kirche, deren Mitglieder die notwendigen Reformen durch kollektiven Ungehorsam quasi erzwingen könnten?

Immer wieder droht die Leitungsebene mit dienstrechtlichen Konsequenzen oder gar Exkommunikation. Wer exkommuniziert hier eigentlich wen? Am Beispiel der Kölner Götterdämmerung erklärt: Wenn die Kardinalsfehler eines Erzbischofs Tausende von Christinnen und Christen aus der Kirche heraustreiben, und dieser Erzbischof sich dennoch selbst weiterhin im Recht sieht, ja, moralisch wie juristisch herumlaviert, könnte dann eine Synodalversammlung des Bistums und seiner Leitungsgremien nicht den Bischof zum Rücktritt zwingen oder gar exkommunizieren? Wer ist eigentlich die Kirche? Ist es noch katholisch, also allumfassend, offen und offensiv, wenn ein Bischof seine Diözese spaltet? Müsste man dem nicht Einhalt gebieten? Durch diese vielen Fragen wird deutlich: Wird die Kirche synodal, geht es manchen Bischöfen und sicherlich auch autoritären Gemeindeleitern nicht nur an den Kollarkragen, sondern ans Amt. Und es wird deutlich, warum genau diese Bischöfe und Pfarrer jede Synodalität verhindern: Weil sie an ihrer Macht kleben. Ist das nicht armselig und klein angesichts der Größe, Weite und Tiefe des Evangeliums?

Don Quichotte und die Wirksamkeit

Ein Gradmesser dafür, ob meine Charismen zur Geltung kommen und meiner eigenen Berufung und Sendung gerecht werden, ist die Wirksamkeit. Dass ich meine Charismen ausleben möchte, ist kein Narzissmus und keine Selbstbespiegelung. Wenn ich mit dem, was mir gegeben ist, leidenschaftlich umgehe, diene ich dem Evangelium mehr, als wenn ich nur geduldig ertrage, was um mich herum geschieht. Wie der Advent eine Lebenshaltung ist, in der es nicht um ein langweiliges Abwarten, sondern um ein engagiertes Erwarten geht, so soll und kann das Leben ein *adventure* sein, englisch für Abenteuer, ja, ein Wagnis. Wer sich nicht darauf einlässt, bleibt wirkungslos.

Als ich mich in einer Pfarrei einmal unwirksam und ausgebremst fühlte, habe ich um eine andere Stelle gebeten und bin gegangen. Es hatte für mich keinen Sinn, gegen die etablierten Strukturen weiter anzukämpfen. Priesterliche Dienste gab es nur wenige zu tun, dafür blieben mir allerhand hausmeisterliche Tätigkeiten. Katechese und Caritas lagen bereits in anderen kompetenten Händen, Kindergärten und Schulen zeigten einen nur sehr begrenzten Bedarf an Seelsorge und Begleitung. Dafür waren die Verwaltungsgremien umständlich und kompliziert, einige agierten von oben herab und saugten alle Motivation und Kraft aus meinen Adern. Nach drei Jahren war mir alle Glaubensfreude und Leichtigkeit abhandengekommen. In einer solchen Situation lohnt es sich nicht, gegen Windmühlen zu kämpfen wie Don Quichotte. Wer wirksam bleiben will, muss das Gewohnte verlassen und neu aufbrechen. Ich gebe zu, es ist nicht selbstverständlich, eine solche Möglichkeit zum beruflichen Neuanfang zu bekommen. Andere Arbeitnehmer und erst recht Väter oder Mütter könnten nicht so einfach woanders hingehen und neu anfangen, die schnelle Lösung gibt es für sie häufig nicht. Dennoch: Jeder muss einen Weg finden, wenigstens innerlich unabhängig zu bleiben und wirksam zu sein, allein um nicht zu resignieren oder auszubrennen.

Selig die Ungehorsamen

Der griechische Mathematiker und Philosoph Archimedes verlangte nach einem Punkt außerhalb der Welt, von dem aus er die Welt aus den Angeln heben könnte. Dieser archimedische Punkt steht in der Physik für die Hebelwirkung, in der Philosophie für das Unumstößliche. Man braucht also, um ein System zu bewegen, einen Punkt außerhalb des Systems.

In meiner Jugend wurde gesagt: Wenn du die Kirche verändern willst, dann musst du sie lieben und ihr ganz nahe sein. Nur von innen heraus wirst du die Kirche erneuern. Mittlerweile bin ich mir da nicht mehr so sicher. Systemimmanent hat noch nie eine Reform funktioniert, dafür sind die Beharrungstendenzen und die Behäbigkeit viel zu groß. Jesus befand sich außerhalb des religiösen Establishments, er war kein Schriftgelehrter und kein Tempelpriester, sondern ein Wanderprediger und Störenfried. Zwar stand er als Jude in einer frommen Tradition, grenzte sich aber davon ab, um über diese Tradition und das sie bewahrende religiöse Establishment hinaus zum eigentlichen Sinn zu finden. In der heutigen Kirche würde Jesus ganz sicher keine Stelle bekommen, als Laie dürfte er nicht einmal predigen. Aber vermutlich hätte die Einwanderungsbehörde die Familie aus Nazaret schon längst vorher abgeschoben.

Mahatma Gandhi war nicht Teil des herrschenden Systems. Dietrich Bonhoeffer hat sich bewusst vom damaligen nationalsozialistisch gebräunten Kirchen-Mainstream entfernt, er wurde dadurch nach geltendem Recht kriminell, um Christ zu bleiben. Menschen jedoch, die zunächst mutig ihre Meinung gesagt haben, aber im System geblieben sind, konnten gegen die Behäbigkeit des Systems nichts unternehmen. Ich denke hier an die Päpste Johannes XIII. und Franziskus I. Sie fingen mit großer Offenheit an, doch blieb der Geist des Zweiten Vatikanischen Konzils ebenso unabgegolten wie die Reform der Kurie und des Kirchenrechts.

Es ließen sich beliebig weitere Beispiele anführen. Ohne archimedischen Punkt, also ohne einen Hebel oder Ansatzpunkt außerhalb eines Systems, lässt sich keine Reform durchsetzen. Die ersten beiden Leitsätze des so genannten *Peter-Prinzips* gehen in eine ähnliche Richtung. Erstens: Jeder wird bis zur eigenen Unfähigkeit befördert. Zweitens: Kompetenz stört die Hierarchie. In der Kirche sind es deshalb nicht die Angepassten, die Karrieristen, von denen eine Reform zu erwarten ist, sondern diejenigen, die sich bei aller Loyalität einen kritischen Blick von außen bewahrt haben. Der Fall der Mauer 1989 wurde nicht auf einem SED-Parteitag beschlossen und nicht in Foren herbeidiskutiert, sondern durch den Ungehorsam und die Unbeugsamkeit freiheitsliebender Christinnen und Christen und anderer Menschen guten Willens bewirkt. Der Rest war ein Wunder. Selig die Ungehorsamen, denn die Gehorsamen lassen alles beim Alten, sie haben sich eingerichtet, richten aber nichts mehr aus.

Gehorsam war einmal eine der höchsten Tugenden in der Kirche. Die meisten Christinnen und Christen leben heute jedoch im ständigen Ungehorsam gegenüber der kirchlichen Lehre. Jeder weiß es, doch niemand spricht darüber. Unterm Strich leben sie ganz gut damit, dass die Hierarchie wegguckt. Wir dürfen tun, was wir für richtig halten, und die Kirchenleitung tut so, als habe sie es nicht bemerkt, denn sonst müsste sie tatsächlich etwas ändern. Das ewige Nichtstun und Nichtssagen hat den Ungehorsam zur Normalität werden lassen. Aber was können wir anderes tun, als ungehorsam zu sein, um die Kirchenleitung endlich wachzurütteln? Wer ungehorsam ist, hat noch nicht aufgegeben, weder sich noch die Kirche. Wer ungehorsam ist, bleibt dran.

Dranbleiben – aber wie?

- zur Monarchie auf Abstand gehen – sie hat ausgedient
- Gemeinschaft geistlich leben
- sich an den Charismen anderer mitfreuen
- den anderen höher einschätzen als sich selbst
- entwicklungsfreudig bleiben – es ist noch nicht aller Tage Abend
- die angepassten Reformbremser liebevoll ignorieren – statt sich zu ärgern
- wirksam sein – den eigenen Platz in der Kirche finden und ausfüllen
- ungehorsam sein um einer höheren Sache willen

Halt und Haltung

Halt, Haltung und Verhalten gehören zusammen und bedingen einander, und das nicht nur vom Wortursprung her. Mein Verhalten, also mein konkretes Tun, ist von den Haltungen beeinflusst, die mich geprägt haben und die mir wichtig sind. Ob ich meine Haltungen konsequent lebe, so dass sie wirksam werden, hängt davon ab, ob ich einen festen Halt habe. Denn nur wenn ich getragen und gehalten bin, kann ich meine Haltungen durchtragen und auch Misserfolge ertragen, ohne meine Haltungen ständig in Frage zu stellen.

Anders gesagt: Mein Halt im Leben ist die Spiritualität, also die Bewusstseinsebene, die mir sagt, wer ich bin. Meine Haltungen gründen in meiner Identität, denn nur wenn ich weiß, wer ich bin, kann ich auch wissen, was ich soll. Sind Halt und Haltung stimmig, fließt mein Verhalten daraus wie von selbst, ich muss nicht jeden Schritt lange überlegen, nicht ständig abwägen, was gut und sinnvoll ist. Ich bleibe mir selbst – und Gott als meinem festen Halt – treu. Welche Haltungen aber prägen mich und meinen Glauben? Wie helfen mir meine Haltungen, an meinem festen Halt, Jesus, dranzubleiben?

Engagierte Gelassenheit

Jesus sagt in der Bergpredigt: »Sorgt euch nicht um euer Leben, was ihr essen werdet, noch um eueren Leib, was ihr anziehen werdet. Ist nicht das Leben wichtiger als die Nahrung und der Leib wichtiger als das Kleid? Schaut auf die Vögel des Himmels: Sie säen nicht, sie ernten nicht und sammeln nicht in Scheunen und euer himmlischer Vater ernährt sie. Seid ihr nicht viel mehr wert als sie? Wer aber von euch kann mit seinen Sorgen seiner Lebenslänge eine einzige Elle hinzufügen? Und was sorgt ihr euch wegen der Kleidung? Betrachtet die Lilien des Feldes, wie sie wachsen: Sie arbeiten nicht und spinnen nicht. Ich sage euch aber: Selbst Salomo in all seiner Pracht war nicht gekleidet wie eine von ihnen. Wenn aber Gott das Gras des Feldes, das heute steht und morgen in den Ofen geworfen wird, so kleidet, wie viel mehr euch, ihr Kleingläubigen! Sorgt euch also nicht und sagt nicht: Was werden wir essen? oder: Was werden wir trinken? oder: Was werden wir anziehen? Denn nach all dem trachten die Heiden. Euer himmlischer Vater weiß ja, dass ihr das alles braucht. Sucht vielmehr zuerst das Reich und seine Gerechtigkeit: dann wird euch all das dazugegeben« (Matthäus 6,25–33).

Es gibt eine Sorge, die macht krank, und eine Sorge, die motiviert. Ich muss meinen Alltag organisieren, ich kann nicht leben wie die Vögel des Himmels und die Lilien auf dem Feld. Aber diese Alltagssorgen sollen mich nicht krankmachen oder gar auffressen, es muss noch etwas an Zeit und Kraft übrigbleiben für das, was über die Befriedigung der Grundbedürfnisse (Essen und Kleidung) hinausgeht. Es geht in der Bergpredigt nicht um eine naive Sorglosigkeit, sondern um eine engagierte Gelassenheit. Engagiert, weil es immer genug zu tun gibt, die Welt ein bisschen besser zu machen, und gelassen, weil ich nicht alles auf einmal und nicht alles allein tun kann. Die »Gelassenheit der Seele« (Meister Eckart) ist für mich die Grundlage für jedes Engagement. Ich darf alles tun, was ich kann, und den Rest anderen überlassen. Ich weiß: Jesus will mich bewahren vor der Sorge, die mir Angst und mich sogar krank macht. Niemand muss an Überforderung sterben. Engagement ohne quälende Sorge, Gelassenheit ohne naiven Fatalismus: Das ist eine der Haltungen, aus denen ich lebe.

Geglückte Halbheit

»Sei dankbar für geglückte Halbheit!« Als ich dieses Wort von Fulbert Steffenski zum ersten Mal in einem seiner Vorträge gehört hatte, traf es mich wie ein Blitz. »Genau das ist es«, habe ich gedacht. Durch meine Erziehung als Sohn eines perfektionistischen Handwerkers bin ich wohl Perfektionist geworden. Als musikalischer Amateur jedoch, der sich intensiv mit dem Leben und Werk verschiedener Komponisten beschäftigt hat, weiß ich: Wer immer nur toll sein will, landet bald im Tollhaus. Der Preis für eine Inselbegabung ist hoch, viele der großen Komponisten waren psychisch an- und auffällig, stets unzufrieden mit sich selbst und sind früh gestorben. Da ist es doch wesentliche ressourcenschonender, nur mittelmäßig begabt zu sein. Ich bin zufrieden.

Das Wort von der »geglückten Halbheit« zitiere ich häufig im seelsorglichen Gespräch. Denn die »Ganzheitszwänge«, von denen Steffenski sprach, sind wenig heilsam. Der Perfektionist will alles fertig haben, und deshalb macht er sich meistens erst einmal selbst fertig. Die geglückte Halbheit dagegen entlastet enorm: Ich muss nicht perfekt sein, es muss nicht alles gelingen, wir bleiben gemeinsam auf der Suche. Nicht jeder muss mich kennen, und vom Applaus ernähren sich nur ganz einsame

Menschen. So abgedroschen der alte Spruch von den Scherben und dem Glück auch scheinen mag, er birgt eine unglaublich befreiende Wahrheit: Auch Scherben bringen Glück, ja, sie stellen alles in ein anderes Licht, wenn man sie zu einem Kaleidoskop zusammenklebt. Weil ich dankbar bin für die »geglückte Halbheit«, kann ich auch einmal Nein sagen. Ich kann und muss es nicht jedem recht machen. Unter dieser Voraussetzung ist es leicht und heilsam, Feedback anzunehmen und aus konstruktiver Kritik zu lernen.

Humus (die Erde) und das Lachen Jesu

Humor kommt von lateinisch *humus*, die Erde. Gemeint ist nicht der Planet, sondern der gute Boden. Wer geerdet ist, hat die Fähigkeit, sich leicht zu nehmen, abzuheben, alles einmal mit genügend innerer Distanz zu betrachten. »Giovanni, nimm dich nicht so wichtig«, meinte einst Papst Johannes XXIII. über sich selbst. Wer Humor besitzt, hat eine heitere Gelassenheit gegenüber dem Dasein, einen Sinn für Komik und – zumeist – gute Laune. Und hat er es einmal nicht, ist es auch nicht schlimm, auch bei guter Laune ist Perfektionismus gefährlich.

Humor ist zuerst Selbstdistanz. Ich kann über mich selbst lachen, nehme mich nicht allzu wichtig und lasse los, wenn sich andere wichtig machen wollen (und das kommt bei Kirchens sehr häufig vor). Humor bedeutet auch, über andere und anderes lachen zu können. Selbstverständlich lache ich niemanden aus, aber ich lächle über viele und vieles. Besonders lustig ist zum Beispiel das Auftreten mancher Bischöfe, wenn sie eine Pfarrei besuchen. Einige von ihnen müssen dann ständig beweisen, dass sie jetzt die Herren sind und den Ton angeben. So gerät die Liturgie tatsächlich zum Auftritt, manchmal auch zum peinlichen Auftritt. Innerlich zu lächeln und dem Mitraträger seine Wichtigkeit zu lassen, ist ein humoristischer Akt.

Hat denn auch Jesus gelacht? Im Erfolgsroman *Der Name der Rose* von Umberto Eco wird um diese Frage nicht nur theologisch gestritten, sondern erbittert und bis aufs Blut gekämpft. Dass Jesus gelacht hat, ist biblisch leicht zu beweisen. Jesus war in allem uns gleich, außer der Sünde (Hebräer 4,15). Wenn Lachen eine Sünde sein sollte, dann hat Jesus nicht gelacht, wenn es jedoch keine Sünde ist, dann muss er auch gelacht haben. Im zweiten Psalm heißt es, dass Gott lacht, sogar auslacht, nämlich die Könige und die Großen, die gegen ihn handeln (Psalm 2,4). Wenn also Gott lacht, dann kann Lachen keine Sünde sein, und deshalb muss auch Jesus gelacht haben. Man darf das einmal so lockerleicht und exegetisch völlig unwissenschaftlich angehen, schließlich geht es um Humor. Dass Gott selbst Humor und sogar einen Sinn für Ironie besitzt, wird in der Geschichte vom Turmbau zu Babel deutlich (Genesis 11,5): Gott steigt herab, um sich das Machwerk der Menschen anzusehen, er macht sich lustig über die kleinen Menschen mit ihren großen Plänen. Was für eine göttliche Ironie!

Demut und Selbstbewusstsein

Demut hat genau wie der Humor mit Humus, der Erde, zu tun: *Humilitas* ist die Demut. Wer geerdet ist, bleibt demütig. Über die Demut wird in kirchlichen Kreisen reichlich gewitzelt. Das reicht vom einfachen »Ich bin so stolz auf meine Demut«-Spruch bis zum ausgefeilten Witz: »Ein Professor wird gefragt, ob er ein Buch über die Demut empfehlen könne. ›Lesen Sie meines‹, lautet daraufhin seine spontane Antwort.« Demut hat für mich allerdings nichts damit zu tun, sich demütigen zu lassen. Das habe ich in einer früheren Pfarrei leidvoll erlebt: Menschen sehen einen persönlichen Erfolg darin, andere zu demütigen. Sie suchen nach Gelegenheiten, andere kleinzumachen, um selbst größer dazustehen. Meistens sind sie selbst innerlich ganz klein, so dass sie den äußeren Erfolg, mitunter auch den Sieg über andere brauchen, sich davon geradezu ernähren. Demut ist nicht Demütigung, sondern der Mut zum Dienen. Es braucht Mut, sich auch für einfache Dinge nicht zu schade zu sein, kräftig mit anzupacken, wenn das gerade dran ist und gebraucht wird, jede und jeden gleich freundlich, aufmerksam und wohlwollend zu behandeln, ohne dabei auf persönlichen Vorteil zu achten. Ich bin ein ganz einfacher Mensch und Christ, ich brauche keine Titel und keine besondere Amtskleidung, und ich versuche, mit allen Menschen wertschätzend ins Gespräch zu kommen. Und auch wenn das nicht immer gelingen kann, bemühe ich mich darum.

Demut ist der Mut zum Dienen. Mut kommt von dem uralten »muot«. Im westgermanischen Raum bezeichnete es ursprünglich das menschliche Innere als Sitz des Fühlens, Denkens, Begehrens, Strebens überhaupt. Diese Bedeutung klingt noch nach in unserem Wort »Gemüt«. Im ostgermanischen Sprachraum hieß es so viel wie: wild, aufgeregt, zornig. Dabei denke ich an den heiligen Zorn der mutigen Propheten des Alten Testamentes: »Hinweg von mir mit dem Lärm euerer Lieder!«, brüllte der Prophet Amos. »Das Spiel eurer Harfen will ich nicht hören. Aber wie Wasser flute das Recht und die Gerechtigkeit wie ein nie versiegender Bach!« (Amos 5,23 f.). Wer mutig ist, kann auch demütig sein.

Die Demut ist aber nur die eine Seite. Die andere nennt man gesundes Selbstbewusstsein. Dieses stand unter Katholiken über lange Zeit nicht hoch im Kurs. Es wurde mit Überheblichkeit und Ungehorsam gleichgesetzt, mit unangemessenem Auftreten und mangelnder Ehrfurcht. Katholiken hatten zu kuschen und zu gehorchen, Begegnungen mit kirchlichen Autoritäten verliefen nicht auf Augenhöhe, sondern gerieten zu Machtdemonstrationen auf der einen und devotem Buckeln auf der anderen Seite. Meistens endeten sie unschön oder brachten kein Ergebnis, dann blieb alles beim Alten. Ich kenne gestandene Pfarrer, die sich ihrem Bischof gegenüber wie gehorsame Söhne, wenn nicht sogar wie kleine Jungs gefühlt haben. Und dabei sind wir alle Kinder Gottes, Schwestern und Brüder, die niemanden auf Erden ihren Vater nennen sollen (Matthäus 23,9). Jesus möchte, dass wir wachsen und reifen und dass wir unsere Gotteskindschaft nicht infantil missverstehen. Familienhafte Clanstrukturen jedenfalls sind ihm zuwider: »Wer ist meine Mutter und wer sind meine Brüder? (…) Wer den Willen Gottes tut, der ist mir Bruder und Schwester und Mutter« (Markus 3,33.35). Selbstbewusstsein bedeutet für mich: Weil Gott zu mir steht, kann ich aufrecht stehen und aufrichtig sein. Christliches Selbstbewusstsein ist für mich ein Christusbewusstsein, denn Gott hat mir in ihm alles geschenkt: Leben, Erlösung, sich selbst. So gehören für mich Demut und Selbstbewusstsein zusammen: Meine Demut ist selbstbewusst, weil sie keine Demütigung ist, sondern eine Ermutigung zum Dienen, und mein Selbstbewusstsein ist demütig, weil es nicht mein Verdienst, sondern mir von Gott in Jesus Christus geschenkt worden ist.

Seit langem begleitet mich ein Gebet von Alexander Solschenizyn, das Demut und Selbstbewusstsein eines Christen treffend zusammenbringt: »Wie leicht ist es für mich, mit dir zu leben, Herr! Wie leicht ist es für mich, an dich zu glauben. Wenn mein Verstand matt wird und aufhört zu verstehen, wenn die klügsten Menschen nicht weiter zu sehen vermögen als bis zum Abend dieses Tages und nicht wissen, was morgen sein wird – dann sendest du mir die Gewissheit, dass du da bist und dafür sorgen wirst, dass nicht alle Wege zum Guten verschlossen werden. Voll Bewunderung blicke ich auf den Weg, den ich zurückgelegt habe, den ich niemals aus eigenem Antrieb hätte finden können – ein wunderbarer Weg bis hin zu der Stelle, wo ich jetzt stehe und von der aus ich der Menschheit einen Schein deiner Strahlen widerspiegeln kann. Es fehlt noch viel, bis ich das richtig zu tun vermag. Aber du wirst mir die Möglichkeit schenken, es fortan zu tun. Und soviel ich nicht mehr schaffe, hast du eben anderen bestimmt, zu tun.«

Vor aller Leistung und nach aller Schuld

»Jetzt bleiben Glaube, Hoffnung, Liebe, diese drei; doch am größten unter ihnen ist die Liebe«, schreibt Paulus im Hohenlied der Liebe (1 Korinther 13,13). Warum ist die Liebe größer als Glaube und Hoffnung? Weil auch der tiefste Glaube ohne die Liebe zur hartherzigen Besserwisserei verkommt. Wenn ich einmal in Gott sein werde, brauche ich nicht mehr zu glauben und nichts mehr zu hoffen, alles ist da und erfüllt. Gott aber ist alles in allem, er ist die Liebe (1 Johannes 4,7).

Die Liebe ist die grundlegende Haltung des Glaubens. Gemeint ist dabei nicht die aufsteigende, erotische Liebe, sondern die absteigende, sich verschenkende Liebe (*Agape*), die Nächstenliebe. Diese Liebe prägt mein Leben als Christ. Dabei ist es mir nicht immer möglich, jeden Menschen zu lieben. Aber liebhaben, das geht. Im Johannesevangelium wird Petrus von Jesus nach dessen Auferstehung dreimal gefragt, ob er ihn liebt. Dabei gebraucht Jesus zweimal die Wendung »Liebst du mich?« (griechisch:

»Agapás me?«) und dann beim dritten Mal fragt er: »Hast du mich lieb?« (griechisch: *»Philéis me?«*). Jesus fordert Petrus zur Liebe heraus, aber er überfordert ihn nicht (Johannes 21,15–19). Nachdem er nach der Liebe mit ganzer Hingabe fragt und offenbar spürt, dass Petrus damit Schwierigkeiten hat, fragt er nach einer freundschaftlichen Liebe, es geht vom Lieben zum Liebhaben, immerhin.

Ich liebe Jesus und weiß mich von ihm vorbehaltlos, bedingungslos und leistungsfrei angenommen. Jesus liebt mich vor aller Leistung und nach aller Schuld. Es fällt mir ganz leicht, diese zuvorkommende Liebe zu erwidern. Die Menschen in meiner Gemeinde habe ich lieb. Für manche mag das schon zu viel sein. Aber ich bin davon überzeugt, dass man die Menschen, für die man da ist, liebhaben sollte. Andernfalls wäre es nicht möglich, die Nah- und Fernstehenden, die Frommen und die Abgeklärten, die Intelligenten und die Schlichten wirklich anzunehmen, ihnen zu dienen, sie auf dem Weg zu Gott zu begleiten. Seit vielen Jahren prägt mich das Gebet eines Menschen, der ein Amt hat und Verantwortung trägt. Es soll von einem französischen Minister stammen und lautet so:

»Herr, gib, dass ich die Dinge sehe, die zu tun sind, ohne die Personen zu vergessen, die zu lieben sind; dass ich die Personen sehe, die zu lieben sind, ohne die Dinge zu vergessen, die zu tun sind. Hilf, dass ich die wahren Bedürfnisse der anderen erkenne. Es ist so schwer, nicht anstelle der anderen zu wollen, nicht anstelle der anderen zu antworten, nicht anstelle der anderen zu entscheiden. Herr, gib, dass ich sehe, was du von mir erwartest, was ich sein kann für die anderen. Präge mir tief ins Herz die Erkenntnis ein: ›Man macht das Glück der anderen nicht ohne sie.‹ Herr, hilf mir, dass ich die Sachfragen nicht von der Liebe zu den Menschen trenne. Lehre mich die Menschen lieben, um meine Freude nur darin zu finden, dass ich etwas für sie tun kann und dass sie eines Tages erkennen: Die Liebe, Herr, das bist du.«

Hab doch keine Angst!

»Hab doch keine Angst!« Das sagt sich so leicht. Geht das überhaupt? Angst kommt von lateinisch *angustia*, die Enge. Damit zu tun hat auch das Wort *angor*, das bedeutet »würgen«. Vertraute Bilder sind das: im Würgegriff der Angst. Da bekommt man keine Luft mehr, die Angst schnürt einem die Kehle und die Seele zu, es wird einem alles zu eng. Angst macht mich unfähig zu handeln, sie kann sogar krank machen.

In der Bibel spielt Angst als Begriff keine große Rolle. Stattdessen heißt es »Fürchte dich nicht« oder »Fürchtet euch nicht« – und zwar 365 mal. So, als müsste man sich jeden Tag wenigstens einmal sagen lassen, dass wir keinen Grund zum Fürchten haben. Ist ein Christ vielleicht jemand, der sich vor nichts und niemandem fürchtet? »Fürchte dich nicht« heißt es immer dann in der Bibel, wenn Gott etwas Neues macht, zum Beispiel wenn Propheten oder Engel auf den Plan treten. Oder wenn der auferstandene Jesus plötzlich vor seinen Jüngern steht.

Wenn ich mich vor etwas fürchte, dann weiß ich genau, wovor; ich kenne die Bedrohung und kann etwas dagegen tun. Furcht richtet sich gegen etwas ganz Bestimmtes, sich zu fürchten hat eine fassbare Ursache und führt zu konkretem Handeln. Angst dagegen ist diffuser. In der Umgangssprache unterscheiden wir nicht zwischen Angst und Furcht. Aber es gibt einen Unterschied, und den finde ich sehr wichtig.

Denn Furcht ist durchaus hilfreich, sie motiviert zum Handeln. Das Sich-Fürchten ist geradezu ein Überlebensvorteil für den Menschen. Ohne Furcht wäre die Menschheit längst ausgestorben. So hatte es schon vor Jahrtausenden durchaus Sinn, wild gewordene Mammuts zu fürchten und möglichst schnell zu verschwinden, wenn man eines davon zu sehen bekam. Furcht mahnt zur Vorsicht vor unbedachten Handlungen; sie kann davor bewahren, übermütig und waghalsig zu werden.

Furcht schützt also vor Selbstüberschätzung, sie ist ein Signal für Gefahr. Erst wenn die Bedrohung gar nicht da ist, sondern nur eingebildet; wenn sie sich in die Seele eingebrannt hat und zur Grundstimmung geworden ist, spricht man von Angst. So fürchte ich mich vor dem Sprung vom Drei-Meter-Brett, vorm Autofahren in einer fremden Stadt, aber auch vor großen Hunden. Angst habe ich da eher vor Leere, Sinnlosigkeit, vor unheilbaren Krankheiten und vor dem Sterben.

Furcht ist etwas, worauf ich mich einstellen kann, wo ich agieren kann, womit ich lernen kann umzugehen. Angst habe ich vor allem, dem ich ohnmächtig ausgeliefert bin, was ich nicht beeinflussen kann. Mit der Angst kann ich nicht mehr umgehen, denn die Angst geht mit mir um, sie treibt mich um, hat mich im Griff. Der Furcht kann ich ins Gesicht sehen, die Angst greift mich von hinten an, ich kann nur noch vor ihr davonlaufen und entkomme ihr doch nicht.

Ganz ehrlich: Ich habe Angst vor dem Kranksein und dem Sterben, weil ich nicht wissen kann, wie es einmal sein wird, weil ich es mir als sehr mühsam und schmerzhaft vorstelle. Aber vor dem Tod habe ich keine Angst. Ich fürchte den Tod nur, weil ich jetzt schon weiß, dass er eines Tages kommen wird, ich kann mich also darauf einstellen, kann damit umgehen. Meine Zeit wird dadurch erst kostbar, dass sie begrenzt ist. Deshalb habe ich Angst vor dem Sterben, aber nicht vor dem Tod.

Eine besondere Form der Furcht ist die Ehrfurcht. Ich empfinde Ehrfurcht vor jemandem, den ich ernst nehme und der mich ernst nimmt; wir akzeptieren und respektieren einander, schätzen einander wert. Und deshalb erweisen wir einander die Ehre. Achtung und Ehrfurcht sind Grundlagen einer jeden Beziehung und Gemeinschaft. »Ich will dich lieben, achten und ehren«, sagen Brautleute bei der kirchlichen Trauung. Ehrfurcht und Achtung gehören zur Liebe dazu, damit die/der Geliebte nicht vereinnahmt wird.

Vor Gott habe ich Ehrfurcht, aber Angst vor ihm habe ich nicht. Immer wieder begegne ich Menschen, denen es anders geht. Vor allem den Älteren hat man in ihrer Kindheit Angst eingejagt. Vor einem Gott, der geradezu unberechenbar schien. Angst machende Gottesbilder sind das: Gott als neugieriger Schnüffler, als Kapitalist und Buchhalter, entsprechend Frömmigkeit als billiger Kuhhandel mit Gott. Ein solcher Gott ist nicht nur zum Fürchten, er macht geradezu Angst, Höllenangst. Diese Angst macht nicht nur Menschen krank und klein, sie macht letzten Endes auch Gott klein. Denn ein Gott, der sich nur für Kleinigkeiten interessiert, mit dem man Geschäfte machen muss, kann nicht groß sein, nicht barmherzig. Ein Gott, der mit der Angst spielt, der uns zeitlebens fürs Jenseits testet, ist ein Sadist, aber nicht der Vater Jesu Christi.

Spätere Generationen, meine auch, haben die Angst vor Gott verloren, Gott sei Dank. Die Drohbotschaft ist der Frohbotschaft gewichen, der Glaube an Jesus Christus hat ganz neu den Gott der Liebe aufscheinen lassen. Aber mit der Angst ist vielen auch die Ehrfurcht abhandengekommen. Gott – oder wen man dafür hielt – wurde zusehends verharmlost; ein zahnloser Tiger, den man nicht mehr ernst nehmen kann. Und dem man deshalb auch keine Ehre mehr erweist, keine Achtung, keine Liebe. Angst macht krank, Furcht jedoch kann durchaus motivieren. Ehrfurcht ist eine Haltung der Wertschätzung; wir akzeptieren einander, wir nehmen einander ernst.

Wenn jemand Probleme hat, die unlösbar scheinen; wenn einer im Sterben liegt oder gerade gestorben ist, dann kriegen wir es mit der Angst zu tun. Ich denke dann häufig an eine Geschichte, die mir Mut macht: Die Seesturmgeschichte aus der Bibel (Markus 4,35–41). Jesus ist mit den Jüngern im Boot. Trotz des heftigen Sturms schläft er seelenruhig. Die Jünger wecken ihn, Jesus stillt den Sturm und stellt eine wichtige Frage: »Warum habt ihr solche Angst? Habt ihr noch keinen Glauben?« (Markus 4,40, EÜ)

Die Deutung ist einfach: Jesus sitzt mit uns im Boot des Lebens. Auch wenn wir uns manchmal fragen: Wo ist er denn? Warum lässt Gott das zu? – Jesus ist da. Er ist da in den Stürmen, die wir zu bestehen haben: Schicksalsschläge, Krankheit, Tod und Trauer. Jene Zufälligkeiten also, die man nicht vorhersehen, auf die man sich nicht einstellen kann und die einen deshalb nicht nur das Fürchten lehren, sondern geradezu Angst einjagen. Jesus aber ist die Ruhe im Sturm. Wer auf ihn vertraut, fühlt sich nicht mehr allein mit seiner Angst. Jesus beruhigt den Sturm, gibt dem Leben neuen Halt. Und dann fragt er auch mich und uns: »Warum habt ihr solche Angst? Habt ihr noch keinen Glauben?«

Manche Leute meinen, Glauben sei das Gegenteil von Wissen. Man habe eben keine Beweise, und deshalb müsse man glauben. Man müsse glauben, was man nicht wissen könne. Von der Bibel her bedeutet Glauben etwas ganz anderes. Keine Mutmaßungen über die Existenz Gottes, sondern eine Beziehung zu ihm. Wenn Glauben also Vertrauen bedeutet, dann ist Glauben das einzige, was hilft, wenn wir Angst haben – in den Stürmen des Lebens. Vertrauen hilft gegen Angst: Ich vertraue darauf, dass ich nicht allein bin; dass mich einer hält, wenn ich mein Leben nicht mehr im Griff habe; dass mich einer trägt, wenn der Boden unter den Füßen wankt. Wer an Gott glaubt, kann ihm alle Ängste überlassen, kann loslassen und darauf vertrauen: Er macht es gut! Auch wenn im Moment noch nichts gut ist.

»Warum habt ihr solche Angst? Habt ihr noch keinen Glauben?« Das ist die Frage Jesu auch an mich. Ich kann nicht immer nur auf mich selber setzen. Ich brauche jemanden, dem ich traue, auf den ich vertrauen kann. Glauben ist für mich nicht das Gegenteil von Wissen, auch nicht von Unglauben oder Zweifel. Und schon gar nicht ein bloßes Fürwahrhalten irgendwelcher Lehrsätze. Glauben ist vielmehr das Gegenteil von Angst.

Ein guter Freund und Kollege hatte sich die Seesturmgeschichte ganz zu eigen gemacht. In den Stürmen des Lebens, auch in schwerer Krankheit, konnte er auf Jesus vertrauen. Immer wieder ging es in seinem Reden und Beten um diese Geschichte: als Sinnbild des Lebens und schließlich auch als Sinnbild des Sterbens. Auf seinem Grabstein sieht man eine Bronzetafel: Jesus sitzt mit seinen Jüngern im Boot und schläft. Es tobt ein heftiger Sturm. Und darüber, auf dem Grabstein, steht geschrieben: »Jesus, meine Zuversicht«.

Zuversicht ist etwas ganz anderes als Optimismus. Der Optimist denkt: »Ich kriege das schon hin, ich habe selber Kraft genug.« Wer aber zuversichtlich ist, der weiß: »Meine Kraft kommt von woanders her. Von dieser Kraft bin ich gehalten und darf Vertrauen haben.« So hilft Vertrauen, mit der Angst fertig zu werden, sie anzunehmen, besser damit umzugehen.

Wie aber ist es mit der Furcht? Also mit der konkreten Bedrohung, auf die ich mich wirklichkeitsnah einstellen, gegen die ich etwas tun kann? Meine Erfahrung ist: Mit der Furcht kommen die meisten Menschen ganz gut klar, da sind sie optimistisch und trauen dem Verstand, den Gott ihnen gegeben hat. Was aber ihre Lebens- und Sterbensangst angeht, da versuchen sie, ganz und gar auf Gott zu vertrauen; darauf, dass er sie trägt und hält. Anders gesagt: Für meine Furcht finde ich selber eine Lösung, für meine Angst wird mir Erlösung geschenkt. Und deshalb darf ich immer zuversichtlich bleiben.

Aufräumen und aufgeräumt sein

»Einfache Leute halten Ordnung, Genies beherrschen das Chaos.« Diesen Spruch benutze ich oft, wenn ich das Büro eines Kollegen sehe. Ich meine das dann ganz positiv: Hinter dem Chaos im Büro verbirgt sich mit Sicherheit ein kreatives Genie. Die Realität sieht wohl anders aus, aber darüber steht mir kein Urteil zu. Manche Menschen brauchen eben das Vielerlei, die Fülle an Gegenständen, um auf gute Ideen zu kommen.

Ich selbst gehöre wohl nicht zu den Genies, die das Chaos beherrschen, sondern zu den einfachen Leuten, die Ordnung halten müssen. Denn ich brauche nicht nur Ordnung, ich halte sie ein bis zur Pedanterie. Nur an einem leeren Schreibtisch kann ich denken, sonst lenkt mich zu viel ab. Ich schaffe also immer zuerst Ordnung und gehe dann ans Werk. Was ich nicht brauche, führe ich der Rohstoffverwertung zu, auch Bücher, die ich bereits gelesen habe oder nicht mehr lesen werde. Ein Buch, das mich bereits auf Seite 30 langweilt, lese ich nicht weiter, dafür ist mir meine verbleibende Lebenszeit zu kostbar. Ein Buch jedoch, das mich fasziniert, lese ich ein zweites oder drittes Mal.

Durch manche Umzüge, aber auch durch das Auflösen von Wohnungen verstorbener Kollegen, habe ich einen persönlichen Bezug zur Ordnung. Ich kenne das Gegenteil und weiß, wie gefährlich und zeitraubend das Chaos sein kann. Schon als Klavier- und Orgelschüler habe ich mich mit der inneren Ordnung der Musik befasst, in der die Ordnung der gesamten Schöpfung widerhallt. Johannes Keppler hat es gewusst, Johann Sebastian Bach hat es meisterhaft umgesetzt. Ordnung ist nicht nur das halbe Leben, Ordnung ist Schönheit.

Mit Werner »Tiki« Küstenmachers *Simplify your Life* habe ich zunächst gelernt, meinen Schreibtisch, dann meinen Kalender und schließlich mein Leben aufzuräumen. Ich habe aufgeräumt und bin aufgeräumt. Die äußere Ordnung, von den Küchenschränken über die Einlegebändchen im Gebetbuch bis zu den Dateipfaden im Computer, hilft mir, zur inneren Ordnung, verwirklicht in Aufsteh-, Gebets-, Lese- und Schlafenszeiten sowie der täglichen Klavierstunde, zu kommen und diese zu bewahren. Mein Testament ist fertig, die Beerdigung vorbereitet. Wenn ich für das Heute sorge, sorgt Gott für das Morgen. Diese Haltung macht mich gelassen und heiter. Diese Haltung wünsche ich auch der Kirche: Sie muss selbst in Ordnung sein, also transparent und glaubwürdig, um das Leben der Menschen ordnen helfen zu können; sie muss Orientierung geben, ohne das Leben der Menschen bis ins Letzte kontrollieren zu wollen.

Einfach leben

Immobilien machen immobil. Ich kenne Menschen, die einen Großteil ihres Lebens in den Aufbau und die Pflege ihrer Immobilie gesteckt haben. Haus und Garten sahen immer sehr ordentlich aus, bei Licht betrachtet aber hatte das Leben der Bewohner keinen sozialen Output. Deren bürgerliches Leben drehte sich nur um sie selbst, die gesamte Freizeit ging für einen Besitz drauf, von dem man besessen war, während für andere Menschen nichts übrigblieb an Zeit und Kraft. Ein altes Ehepaar sagte mir bei der Hauseinweihung: »Hier wollen wir jetzt nicht wieder ausziehen.« – »Eines Tages werden Sie hier ausziehen«, warf ich ein, »und zwar mit den Füßen zuerst.« Wir sind nur Gast auf Erden! Als ich zwei alten Menschen beim Umzug aus einem Eigenheim in eine viel kleinere Seniorenwohnung geholfen habe, fiel mir auf, dass sie sich von keinem Gegenstand trennen konnten, obwohl die neue Wohnung schon bis zum Bersten voll war und von daher weder Ordnung noch Stil besaß. Bei dieser Aktion ist mir die Bedeutung des Wortes »Habseligkeiten« aufgegangen: Wenn man im Besitz seine Seligkeit sucht, ist man bald besessen, man kann nicht mehr loslassen, das Haben wird zum Sinn und Ziel, zur Seligkeit.

Es gibt eine ganz einfache Besitz-Zeit-Relation: Je mehr ich besitze, desto weniger Zeit habe ich, denn ich muss meinen Besitz benutzen, um ihn zu rechtfertigen. Ein Gemeindemitglied schwärmte von seiner Yacht in Südfrankreich. Davon wenig beeindruckt, gab ich zu bedenken: »Ich bin heilfroh, keine Yacht zu besitzen. Ich müsste extra hinfahren, um zu schauen, ob sie noch da ist, ich müsste sie putzen, Hafengebühr zahlen und auch noch damit herumschippern.« Abgesehen davon, dass ich mir so etwas nicht leisten kann, möchte ich es mir auch gar nicht leisten. Für eine eigene Ferienwohnung auf einer Nordseeinsel könnte ich mein ganzes Leben lang überall Urlaub machen. Hätte ich ein zweites Auto, müsste ich jeweils die Entscheidung treffen, mit welchem ich fahre. Ökologisch nachhaltig wäre beides nicht, weder der Urlaub in der ganzen Welt noch das zweite Auto.

Als Pfarrer in einer größeren Stadt hatte ich einen sehr reichen Nachbarn, der alles doppelt besaß: zwei Doktortitel, zwei Porsche, zwei gescheiterte Ehen. Er prahlte vor mir mit all den berühmten Menschen, die er kennt, und fragte, ob er mich mit ihnen einmal bekannt machen solle. »Das könnte doch nützlich für Sie sein«, meinte er. »Für mein Ego brauche ich das nicht«, hielt ich dagegen. Er war immerhin so intelligent, mir gegenüber niemals mehr mit seinem Besitz und seinen Beziehungen zu prahlen.

Einfach zu leben bedeutet zu fokussieren. Wenn ich weiß, was ich will, dann weiß ich auch, was ich nicht will. Ich lerne zu unterscheiden und zu verzichten. Wenn ich weiß, was ich wirklich brauche, weiß ich sehr genau, was ich alles nicht brauche. Das Leben bekommt eine Ordnung, ich vertue keine Zeit mehr mit dem Suchen nach bestimmten Dingen, weil ich nichts besitze, das ich vermissen könnte. Ich brauche ein Fahrrad, ein Auto und – ja, hier kommt der einzige Luxus, den ich mir vor einigen Jahren geleistet habe, der aber keine Folgekosten mit sich bringt – einen Konzertflügel. Jeden Tag spiele ich eine Stunde lang Klavier, ich spiele nicht nur, ich übe immer etwas Neues. So sammle ich Schätze in mir selbst, die meiner Seele guttun.

Als in einer früheren Gemeinde einmal ein neues, größeres Bauprojekt anstand, habe ich der bischöflichen Bauabteilung zu Beginn der Verhandlungen zwei Punkte mit auf den Weg gegeben: »Erstens: Das Geld, das hier verteilt wird, gehört nicht dem Bistum, sondern der Gemeinde, es wurde rein monetär betrachtet durch Seelsorge erwirtschaftet und von den Gläubigen genau für diesen Zweck bezahlt. Zweitens: Wir sind gerne bereit, Abstriche zu machen, einfachere Materialien zu wählen und dadurch sparen zu helfen; wenn ich aber sehe, wie aufwendig und hochästhetisiert das Bistum seine eigenen Bauprojekte umsetzt, so würde ich sagen: Wer an der Kasse sitzt, greift hinein.« Die Verhandlungen waren anschließend ganz leicht.

Die Kirche lieben?

»*Sentire cum Ecclesia*!« Das Mitfühlen mit der Kirche hatte Ignatius von Loyola gelehrt, ja, zum Programm gemacht. Das wurde oft missverstanden, so als dürfe man die Kirche nicht kritisieren, weil sie erstens heilig und man zweitens selbst ein Teil dieser Kirche sei. Schlimmstenfalls dürfe man Mitleid mit der Kirche haben, müsse mit ihr »mitfühlen«, weil sie doch verfolgt werde und allerhand Missverständnisse zu erdulden habe. In meiner Studienzeit haben die Spirituale (geistliche Begleiter) darauf Wert gelegt, dass wir in der Kirche stets die gesamte Glaubensgemeinschaft und nicht nur die Amtskirche als deren Vertreter sehen. Der Blick auf die Gläubigen, die ja vor allem Kirche seien, sollte den Blick auf die Versäumnisse der Amtskirche wohl ein wenig trüben oder erträglicher machen.

Kirche kommt von *Kyriake* und bezeichnet diejenigen, die zum Herrn, dem *Kyrios*, gehören. Durch die Taufe werden wir eingegliedert in den Leib der Kirche mit Christus als deren Haupt. Diese Kirche liebe ich, diese Kirche kann ich als von Jesus gewollt ansehen. Wenn er auch keine Kirche gegründet hat, so hat er doch Nachfolger berufen und dadurch bewirkt, dass seine Sache weitergeht. Alles Weitere hat sich dann geschichtlich entwickelt, man kann die derzeitigen Kirchenstrukturen also in keiner Weise direkt auf Jesus zurückführen. Die Kirche zu lieben bedeutet deshalb für mich nicht, alles zu schlucken, alles als gegeben hinzunehmen und den Mund nicht aufzumachen. Es bedeutet, das mir Mögliche zu tun, damit die Sache Jesu weitergeht.

Dazu hilft mir ein kleines Gebet von Ignatius von Loyola: »Ich wollte, ich könnte eine kleine Säule sein, mein Gott, von einigem Nutzen für dich. In einer Hinsicht kann ich eine solche Säule sein: Deine in der ganzen Welt verstreuten Interessen sind uns anvertraut. Führe mir zu Gemüte, o Herr, die Verantwortlichkeit, die auf mir ruht, auf dass ich es ernst nehme mit meinem Gebet für jene, so du mir anvertraut hast, oder die auf irgendeine Weise unter meinem Einfluss stehen. Und nicht nur für diese, sondern für alle Mitmenschen und Mitchristen, für jede Seele auf der weiten Welt. Sie alle sind deine Kinder und haben das Recht, dich Vater zu nennen; sie haben einen Platz in deinem Herzen, also müssen sie auch einen Platz in meinem Herzen haben.«

Resilienz

Resilienz ist eigentlich keine Haltung, sondern eine Fähigkeit. Sie ist die Fähigkeit zu Belastbarkeit und innerer Stärke. Es geht um die Widerstandsfähigkeit, sich trotz belastender Umstände und Bedingungen einigermaßen normal zu entwickeln. Jeder Mensch muss lernen, auf wechselnde Lebenssituationen und Anforderungen flexibel und angemessen zu reagieren und stressreiche, frustrierende und belastende Situationen ohne Folgeschäden zu meistern. Tatsächlich gehen Menschen mit außergewöhnlichen Belastungen verschieden um, die einen ertragen diese stoisch, die anderen werden aus der Bahn geworfen und bleiben traumatisiert zurück.

Ich versuche deshalb, mit meinen Ressourcen gut umzugehen. Als ich noch Kaplan und damit Berufsanfänger war, klopfte mir ein alter Priester auf die Schulter und sagte väterlich: »Arbeite nicht so viel, das ist besser fürs Bistum, die haben dann länger etwas von dir.« Eine gute Tages-, Wochen- und Jahresgestaltung sind für mich ebenso selbstverständlich wie meine eigene kleine Welt, die Musik. Ich gebe gerne alles, verschenke viel an Zeit und Kraft, aber ich unterscheide, wo und wie sich der Einsatz lohnt. Vor allem unterscheide ich zwischen Gespräch und Gerede, zwischen Seelsorge und Smalltalk. Ich kann delegieren, es muss nicht alles über meinen Schreibtisch, an dem ich ohnehin selten sitze, laufen. Das Subsidiaritätsprinzip ist eine wunderbare Erfindung der katholischen Soziallehre, deshalb sollte ein Pfarrer nicht überall mitmischen und sich nicht in alles hineinmischen, was andere objektiv besser können. Für das Thema Kirchenpolitik bedeutet dies, dass ich, wenn Papst, Kurie und Bischöfe die Kirche an die Wand fahren, einfach nicht mitfahre. Es ist nicht meine Verantwortung.

Dranbleiben – aber wie?

- engagiert und gelassen sein statt sorglos und naiv
- geglückte Halbheiten als Erfolg ansehen
- sich selbst relativieren – lachen und lächeln
- demütig und selbstbewusst bleiben, lieben und liebhaben
- zuversichtlich sein statt nur optimistisch
- Ordnung halten – innen und außen
- einfach leben
- die Kirche lieben – wenigstens als Gemeinschaft
- an Schwierigkeiten wachsen und reifen

Mut zur kreativen Ketzerei

Gott ist immer größer. Schon deshalb können wir nicht wissen, wer Gott ist, ja, wir können nicht einmal über ihn sprechen, sondern nur von ihm, also von unseren Erfahrungen. Zwar dürfen wir glauben, dass uns Gott in Jesus Christus sehr nahegekommen ist, sein Wesen jedoch muss für uns ein Geheimnis bleiben. Die kirchliche Glaubenslehre kann deshalb nur als Sprechversuch gelten. Dogmen haben ihre jeweilige Entstehungszeit, ihre Geschichte, und sie kommen möglicherweise auch einmal an ein Ende. Zwar wird von Seiten des Lehramts immer wieder versucht, glauben zu machen, es gäbe eine Kontinuität in der Glaubenslehre, und die Kirche könne als Ganze nicht irren. Das aber ist Quatsch mit frommer Soße.

Einfach zu erkennen ist das bei einigen in der Hierarchie der Wahrheiten weniger wichtigen Glaubensaussagen. So hat Papst Pius IX., in überheblich-narzisstischer Abwehr der Moderne, wenn schon nicht böse, dann doch zweifelsohne krank, mit dem Jurisdiktionsprimat und dem Unfehlbarkeitsdogma den Katholizismus im Grunde genommen neu erfunden. Dadurch war es erst möglich, die Weltkirche zentralistisch zu lenken, wie ein absoluter Herrscher und ein Fels in der Brandung aufzutreten, Andersdenkende auszuschalten und eine neue katholische Identität zu erfinden. Pius IX. machte die katholische Kirche endgültig zur Papstkirche und verstieß dabei gegen den Grundsatz, dass ein Dogma in der Heiligen Schrift und der Tradition der Kirche verankert sein muss. »Die

Tradition bin ich«, hat er schlichtweg behauptet, ein andermal: »Ich bin die Kirche« (»*Io sono la chiesa*«). Und: »Früher, ehe ich Papst war, glaubte ich an die Unfehlbarkeit, jetzt aber fühle ich sie.« Meines Erachtens ist das Unfehlbarkeitsdogma eine kindische Trotzreaktion auf den Verlust weltlicher Macht, denn es macht den Papst zum letzten Souverän ewig gültiger und universaler Wahrheiten. Bischöfe und Theologen aus aller Welt haben diesen Unsinn geschluckt, um die Einheit der Kirche nicht zu gefährden. Mir scheint, dass sie heute wieder einige Kröten schlucken aus Angst vor einer Kirchenspaltung, wider besseres theologisches und historisches Wissen und oft genug gegen ihr pastorales Gewissen. Die Uniformität der Kirche dient fast immer als Totschlagargument gegen jede Reform, sie ist das Ausschlusskriterium für alles Neue. So bleibt die Kirche zwar formal geeint, die Spaltung jedoch ist längst da.

Es gibt Glaubensaussagen, die im Lauf der Kirchengeschichte wie von selbst korrigiert wurden. Papst Pius XII. hatte in Bezug auf die veränderte Amtstheologie gesagt: »Alle wissen, dass die Kirche, was sie festgelegt hat, auch verändern und abschaffen kann.« Andere Glaubensaussagen wurden mit erfundenen Traditionen herbeigelogen, es wurde einfach so getan, als seien die Lehren alt und ehrwürdig. So hatten weite Teil der Amtskirche über lange Zeit die Menschenrechte für Teufelszeug gehalten, während des Zweiten Vatikanischen Konzils aber suggeriert, sie gehörten zur ureigenen Tradition der Kirche, ja, die Kirche habe die Menschenrechte quasi erfunden. Es gibt auch Glaubenslehren, die schlichtweg vergessen wurden, nachdem man sie als puren Unsinn entlarvt hatte und sie der Kirchenleitung geradezu peinlich geworden waren, zum Beispiel die Lehre von Papst Pius XII., der noch 1950 wider besseres Wissen festgelegt hatte, dass ein Katholik zu glauben habe, Adam und Eva seien historische Persönlichkeiten und deshalb nicht nur symbolisch, sondern auch biologisch das erste Menschenpaar auf

Erden gewesen. Bei Papst Paul VI. war diese Lehre bereits verschwunden, im *Katechismus der Katholischen Kirche* von 1992 taucht sie gar nicht mehr auf. Papst Benedikt XVI. hatte 2007 per Unterschrift die Vorhölle (*Limbus*) abgeschafft, die für ungetaufte Kinder vorgesehen war. Die Vorstellung einer Vorhölle sollte ursprünglich die Heilsnotwendigkeit der Taufe unterstreichen. Ungetaufte Kinder konnten demnach nicht ohne Weiteres in den Himmel kommen, sie mussten zwangsläufig auf ewig in dessen Vorstufe verbleiben. Eine schreckliche Vorstellung, hinter der sich eine große Portion Heilsangst mit theologischen Spitzfindigkeiten vermischt hatte und die heute bestenfalls Stoff für Häme, Satire und Comedy hergibt. Aber sie zeigt, dass die Lehre grundsätzlich veränderbar ist. Glaubensaussagen stehen also niemals isoliert da, sie wurden stets von philosophischen Ideen, Gruppeninteressen und auch Machtkalkül beeinflusst. Konservative Kreise sehen heute in kleinsten Änderungen bereits einen großen historischen Bruch mit der heiligen Tradition, sie betreiben damit machtvoll Kirchenpolitik und finden dafür an den Schaltstellen des Vatikans ein offenes Ohr. Eine unveränderliche Lehre mit absoluter Kontinuität gibt es jedenfalls nicht. Niemand wird auf die Idee kommen, das Glaubensbekenntnis zu verändern, zumal es wirklich alt ist und alle christlichen Kirchen weltweit verbindet. Darüber hinaus sollte man jedoch den Glauben auch neu denken dürfen. Das will ich im Folgenden tun; manche werden es mir übelnehmen, doch ich glaube gerade wegen solcher »kreativen Ketzereien«.

Die Erlösung aller Menschen

Die Lehre von der Allaussöhnung (*Apokatastasis*) oder Allerlösung geht davon aus, dass Gott am Ende alle Menschen retten und die Welt als ganze vollenden wird. Sie ist biblisch gut begründet. Das

Heil der Menschen kann nur universal gedacht werden, deshalb dürfen nicht nur Christen, sondern alle Menschen mit einer großen Heilsgelassenheit leben, sie brauchen keine Angst vor Gott oder um sich selbst zu haben. Ich habe diese allumfassende, universale Hoffnung bereits im Abschnitt »Das Beste kommt noch« als wichtigen Wesenszug meines eigenen Glaubens zur Sprache gebracht.

Die Lehre von der Allerlösung wurde im Lauf der Kirchengeschichte immer wieder heftig diskutiert und bekämpft, vor allem aus pastoralen Gründen. Denn wenn Gott am Ende sowieso alle vollendet, warum soll man dann noch Gutes tun? Viel leichter vorstellbar als die Versöhnung aller ist doch ein Gott, der belohnt und bestraft, der einen in den Himmel aufnimmt oder in das ewige Feuer wirft, je nachdem. Also ein Lohnbuchhalter, der einem am Ende auszahlt, was man lebenslang eingezahlt hat, und bei dem man stets fürchten muss, dass die Lebensleistung dennoch nicht ausreicht. Die Angst vor der Hölle sollte zum Gutsein antreiben. »Der Blick auf die Verdammten vergrößert die Freude der Seligen«, meinte noch Thomas von Aquin.

Ich glaube: Der Himmel kennt kein Mitleid, das die Freude der Seligen trüben könnte. Würden wir in der Vollendung mit jemandem, den wir geliebt haben, der es jedoch nicht geschafft hat, Mitleid haben müssen, so wäre dies für uns nicht der Himmel. Unsere Liebe wäre am Ende größer als die Liebe Gottes, der so kaltherzig war, einen geliebten Menschen auf ewig zu verdammen. Der Himmel muss deshalb eine wachsende Größe sein. Ohne die Vollendung aller wäre Jesus Christus mit der Erlösung nicht bis ans Ende gekommen, es wäre alles umsonst gewesen. Die Gegner der Allerlösung können sich nicht vom Kapitalismus befreien, dass es im Leben und im Glauben nur auf Leistung ankommt, weil einem ja auch sonst nichts geschenkt wird. Sie gönnen Gott seine Güte nicht, sondern fordern eine absolute Gerechtigkeit, die eigentlich nach Rache schreit. Die Bösen sollen es auf jeden Fall schlechter haben als die Guten, zu denen man selber gehört. Und die Hölle, das sind selbstverständlich stets die Anderen.

Die geheimnisvolle Kraft unseres Lebens

Der Pantheismus geht davon aus, dass Gott und Welt eins sind. Gott ist die Natur, und die Natur ist Gott. Damit wäre Gott nicht mehr der Schöpfer und nicht mehr das Gegenüber seiner Schöpfung, vielmehr wäre er vollständig darin aufgegangen. Deshalb ist der Pantheismus zurecht eine Irrlehre, die mit dem christlichen Gottesbild und der Lehre von seiner Schöpfung unvereinbar ist. Anders verhält es sich mit dem Panentheismus. Er geht davon aus, dass zwar nicht alles Gott, aber Gott in allem ist. Gott ist hinter den Dingen und in jedem Menschen. Für mich ist der Panentheismus eine mystische Seite des Christentums: »Gott ist mir näher als ich mir selber bin«, sagte Meister Eckart.

Vom Universum über die Sonnensysteme bis zum einzelnen Atom: Überall erkenne ich zwischen den Teilchen Raum, Energie und Bewegung. Das Verhältnis von Sonnen und Planeten, Atomkernen und Elektronen zueinander, ja, auch musikalische Intervalle funktionieren nach denselben mathematischen Gesetzen. Ich erkenne darin den Geist Gottes, diese unbändige Kraft, die alles, was existiert, durchwaltet. Gott ist in allem: Wenn ich das akzeptiere, stirbt jeder Dualismus zwischen Geist und Materie, zwischen geistlich und weltlich, sakral und profan. Im Panentheismus bleibt Gott das personale Gegenüber zu seiner Schöpfung, er geht nicht darin auf. Aber er hat seinen Geist in alles hineingelegt.

Die fernöstliche Philosophie sagt: »Gott schläft in den Steinen, er atmet in Pflanzen und Tieren, und er denkt im Menschen.« Warum soll eine solche Aussage der christlichen Schöpfungstheologie widersprechen? Nicht alles ist Gott, sondern Gott ist in allem und über alles hinaus. Er kann zugleich in seiner Schöpfung und ihr gegenüber sein, er ist in jedem Menschen gegenwärtig und dennoch unverfügbar. Dass die Erde und damit auch Pflanzen, Tiere und Menschen rein materiell gesehen aus Sternenstaub gemacht sind, ist keine esoterisch klingende Floskel, sondern naturwissenschaftliche Realität.

Ein Physikprofessor erzählte mir etwas für mich zugleich Verblüffendes und Erhellendes: »Das kleinste Atom ist das Wasserstoffatom, es hat ein Elektron, das den Kern umkreist wie ein Planet die Sonne. Vergrößert man in Gedanken den Kern auf die Größe einer Apfelsine, dann ist das Elektron so groß wie ein Stecknadelkopf, der in einem Abstand von tausend Metern und mit einer Geschwindigkeit von über zwei Millionen Stundenkilometern die Apfelsine umkreist. Die Materie besteht also größtenteils aus Bewegung und Raum. Würde man die Erdkugel zusammendrücken, bis die Atomkerne einander berühren, so wäre sie so groß wie ein Fußball, aber so schwer wie die Erde.« Und der Physikprofessor, der ein gläubiger Katholik war und täglich die Eucharistie mitfeierte, fügte hinzu: »Diese Energie, das ist für mich Geist. Gott ist da, ganz nah, in allem und über alles hinaus.«

Gott ist in allem. Im Kolosserbrief des Neuen Testaments finden wir eine geradezu kosmische Christologie (Kolosser 1,15–20): Christus »ist das Bild des unsichtbaren Gottes, der Erstgeborene der ganzen Schöpfung. Denn in ihm wurde alles erschaffen im Himmel und auf der Erde, das Sichtbare und das Unsichtbare, seien es Throne oder Herrschaften, Mächte oder Gewalten. Alles ist durch ihn und auf ihn hin erschaffen. Er ist vor allem und alles hat in ihm Bestand. Er ist das Haupt des Leibes, der Kirche. Er ist der Anfang, der Erstgeborene aus den Toten, damit er in allem der Erste sei. Denn es gefiel der ganzen Fülle, in ihm Wohnung zu nehmen und durch ihn und auf ihn hin alles mit sich zu versöhnen, indem er Frieden stiftete durch sein Blut am Kreuz, sei es auf der Erde oder im Himmel.« Auch Paulus entwirft in seiner berühmten Rede auf dem Areopag ein panentheistisches, allumfassendes Gottesbild: »Denn in ihm leben wir, bewegen wir uns und sind wir« (Apostelgeschichte 17,28). »Gott ist Liebe«, formuliert der Autor der Johannesbriefe (1 Johannes 4,8), und zwar eine zuvorkommende Liebe (»Gott hat uns zuerst geliebt«), die alles durchwaltet und sich in Christus offenbart. Diese Liebe ist nicht nur Gott zu eigen und Menschen möglich, sie ist nicht nur in allem, was atmet. Selbst Atome haben eine Affinität zueinander, sie fühlen sich zu anderen hingezogen und wollen sich verbinden. Ohne diese Affinität hätte die Evolution in so kurzer Zeit keine Aminosäuren und damit kein Leben hervorbringen können. Für den Naturwissenschaftler, Theologen und Mystiker Teilhard de Chardin ist die Geschichte des Universums eine Geschichte der Liebe: »Lieben heißt: Sich selbst wiederfinden und vollenden in einem anderen – nicht in sich selbst.«

Gleichwohl muss man achtgeben, den Panentheismus nicht mit einem naiven Fatalismus zu verwechseln. Dass Gott in allem ist, darf nicht bedeuten, dass man alles hinnehmen muss und nichts ändern kann. Dann würde der Glaube unempfindlich für das Leid der anderen. Gott ist nicht statisch in allem, sondern dynamisch, er will Entwicklung. Er ist nicht versteckt in Atomen, sondern verborgen in seiner gesamten Schöpfung. Das Leid ist deshalb kein Kollateralschaden der Evolution, sondern es muss erinnert, bekämpft und wenn möglich beseitigt werden. Gott ist

zwar auch im Leid gegenwärtig, aber nicht so, dass es unabänder-
lich wäre, sondern als Erinnerung und Herausforderung (*Memo-
ria Passionis*, Mystik der offenen Augen, J. B. Metz). Gott selbst
hat in Christus gelitten, seine Passion und Leidenschaft ist das
Heil der Menschen.

Gott in allem: Dieser Gedanke hilft mir, zu akzeptieren, was ich
nicht ändern kann, und mich selbst als Teil eines großen Ganzen zu sehen. Wenn Gott schon jetzt in mir ist, dann fällt es mir
nicht schwer darauf zu hoffen, dass ich eines Tages in ihm sein
werde. Wenn Gott in allem ist, dann habe ich auch Hoffnung für
die Schöpfung, die sich in ständiger Entwicklung befindet. Dann
muss ich nicht auf alle Fragen eine Antwort haben, nicht für alle
Probleme eine Lösung. Und dann kann ich tatsächlich nicht tiefer
fallen als in seine guten Hände. Selbst der unlösbaren Frage nach
dem Sinn des Leidens kann ich dann engagiert und tatkräftig begegnen. Der Pantheismus ist eine Irrlehre, der Panentheismus ist
äußerst umstritten. Für mich ist er mit dem Evangelium gut ver-
einbar. Jesus hat ihn gelebt, denn sein Abba-Vater war immer in
ihm (Johannes 10,30).

Das Ende der Erbsünde

Eine sehr problematische Lehre ist die von der Erbsünde. Augustinus hatte sie erfunden, um die Kindertaufe zu rechtfertigen. Denn
wenn die Taufe alle Sünden vergibt, dann muss eine Sünde zum
Vergeben da sein, sozusagen eine Ursünde, die alle Menschen betrifft und die dann in der Taufe abgewaschen würde, selbst wenn
der Täufling noch nicht gesündigt haben kann. Der pastoralen
Seite daran kann ich sogar noch etwas abgewinnen: Die Welt
ist nicht heil, und der einzelne Mensch ist für die Hypothek des

Bösen, die auf der Welt lastet, nicht allein verantwortlich. Vielmehr gibt es einen Unheilszusammenhang, in dem alle Menschen stehen, einen Teufelskreis, den wir aus eigener Kraft nicht durchbrechen können. Wenn ein Mensch geboren wird, dann kommt er in eine Welt hinein, die nicht heil ist. Wir leben alle unter Bedingungen, die wir nicht selbst beeinflussen können. Noch bevor wir persönlich sündigen können, sind wir darin verflochten. Sünde der Welt, Erbsünde – das ist also keine moralische Schuld, sondern eher die Angst um sich selbst. Diese Angst macht einen Menschen letzten Endes liebesunfähig. Daseinsangst nennen das die Psychologen, Geworfenheit die Philosophen: Der Mensch spürt den unendlichen Abstand zu Gott, den er aus sich selbst heraus nicht überwinden kann. Allein die Macht Gottes kann helfen. Wir sind erlöst von der Angst um uns selbst, von der Angst vor Gott; von dem Zwang, uns selbst bei ihm beliebt machen zu wollen. Nicht der Mensch verdient sich diese Gnade, sondern Gott erweist sie ihm umsonst.

Dennoch bin ich dafür, den Gedanken der Erbsünde fallen zu lassen. Augustinus hatte nämlich gemeint, die Erbsünde würde mit dem Geschlechtsakt übertragen. Zur Begründung führte er einen Psalmvers an, den er gründlich missverstanden hatte, da er von der modernen Exegese noch nichts wissen konnte: »In Sünde hat mich meine Mutter empfangen« (Psalm 51,7, EÜ). In Wirklichkeit spielte hier wohl der Bruch mit seinem früheren Leben eine Rolle, das er nun ganz und gar verdammte, um sich davon zu distanzieren. Theologie ist immer auch Biographie, bei Augustinus ein klassischer Fall von Verdrängung. Die daraus resultierende Leibfeindlichkeit der katholischen Kirche geht zum größten Teil auf ihn zurück, auf den rhetorisch gewandten, einflussreichen Platoniker, der alles Leibliche zum Feind des Glaubens machte und damit anderthalbtausend Jahre unsägliches Leid und krankmachende Skrupel in den Seelen vieler Christen verursacht hat.

Welche theologischen Kapriolen die Lehre von der Erbsünde später geschlagen hat, ist an der Lehre des Monogenismus (Pius XII., 1950) abzulesen: Um die Erbsündenlehre zu schützen, lehrte der Papst als Glaubenswahrheit, dass Adam und Eva die ersten Menschen waren, von denen alle anderen Menschen biologisch abstammen. Diesen Unsinn hat man später schlicht vergessen. Er zeigt aber, dass Päpste auch nach dem Ersten Vaticanum fehlbar geblieben und Korrekturen jederzeit möglich sind.

Die Lehre von der Erbsünde, und deshalb wage ich hier die kreative Ketzerei, kann ein problematisches Gottesbild zur Folge haben: Wenn nämlich dem Menschen jegliche Schuld in die Schuhe geschoben wird, steht Gott immer und ewig als der Gute da. Alles Gute kommt dann von Gott, alles Schlechte vom Menschen. Woher aber kommt dann das Leid, auch das unverschuldete? Wird Gott von aller geheimnisvollen Ambivalenz freigesprochen, kommt jegliches Übel allein vom Menschen. Kann und darf der Mensch dann aber noch klagen? Kann er nach dem Sinn des Leidens fragen? Letzten Endes öffnet die Erbsündenlehre dem alten, schon von Hiob überwundenen Tun-Ergehen-Zusammenhang wieder Tor und Tür. Es wird schwierig, das Dunkle im Licht Gottes anzusehen, es wird unmöglich, die unbeantworteten Fragen schlichtweg auszuhalten. Wenn der Mensch an allem schuld ist, wird der Gott und Vater des gekreuzigten Jesus wieder zu einer griechisch-platonischen Siegesgottheit, die mit sich selbst beschäftigt ist und die das Schicksal der Menschen nicht kratzt. Ein Priester, der offenbar die Erbsündenlehre missverstanden hatte und existenziell aus dem alten Tun-Ergehen-Zusammenhang nicht herauskam, antwortet auf die Frage von Kindern, warum es Behinderte gäbe: »Wenn ein behindertes Kind auf die Welt kommt, haben dessen Eltern gesündigt.« Der Priester lebt noch, darf aber gottlob nicht mehr predigen und dadurch womöglich Angst und Unsinn verbreiten.

Eine besonders interessante Nuance der Erbsündenlehre begegnet uns im Dogma von der Unbefleckten Empfängnis Mariens: »Die seligste Jungfrau Maria wurde im ersten Augenblick ihrer Empfängnis durch ein einzigartiges Gnadengeschenk und Vorrecht des allmächtigen Gottes im Hinblick auf die Verdienste Christi Jesu, des Erlösers des Menschengeschlechtes, rein von jedem Makel der Erbschuld bewahrt.« So lautet das Dogma, das in der Mitte des 19. Jahrhunderts von Papst Pius IX. verkündet wurde. Meistens wird es falsch verstanden: Es geht nicht um Maria und Jesus, sondern um Maria und deren Eltern, der Tradition nach um Joachim und Anna. Also um die persönliche Geschichte Marias, um ihre Stellung innerhalb der Heilsgeschichte.

Es geht auch nicht um die Abwertung der Sexualität. »Unbefleckt« hat nichts mit der Zeugung eines Kindes zu tun und schon gar nichts damit, dass das alles irgendwie schlecht oder gar schmutzig sei. Gott hat es so gewollt, hat alles in seine Schöpfung liebevoll hineingelegt. Das Wort »unbefleckt« bedeutet vielmehr: Maria ist mit ihrem ganzen Dasein aus der Erbsünde herausgenommen und damit vorab erlöst. Maria ist und bleibt Gottes Geschöpf, aber das Heil, das durch sie geschah, ist von langer Hand vorbereitet. Deshalb ist »Mariä Empfängnis« kein guter Name, »Fest der Erwählung Mariens« wie in der Orthodoxen Kirche wäre besser.

Maria hat sich ihre Erwählung nicht verdient, sie ist von Gott geschenkt. Er hat das freie Ja Mariens sozusagen vorbereitet, indem er sie vor der Erbsünde bewahrt hat; er hat sie erwählt, herausgehoben aus dem Teufelskreis des Bösen, befreit von der Angst um sich selbst und vor Gott. Dennoch tun sich viele Christen mit diesem Dogma schwer. Es hat keinen biblischen Hintergrund, sondern ist aufgrund frommer Meditation entstanden. Es antwortet nicht auf theologische Fragen, sondern entstammt kirchenpolitischem Kalkül. Ein machthungriger und narzisstisch gestörter Papst hat damit die spätere spirituelle Machtübernahme vorbereitet: Pius IX., auf dessen Konto auch der Jurisdiktionsprimat und das Unfehlbarkeitsdogma gehen.

Pius IX. ließ sich auch davon nicht stören, dass die »unbefleckte Empfängnis« immer wieder heftig umstritten war. Gute Theologen, Heilige haben sich dagegen ausgesprochen, zum Beispiel Bernhard von Clairvaux und Thomas von Aquin. Allein nach den Ereignissen von Lourdes hatte das Dogma, das vier Jahre zuvor verkündet worden war, große Bekanntheit erlangt. Es ist theologisch nicht notwendig, es ist nicht biblisch, es gehört in die Zeit der kindlichen Verehrung Mariens, die unter den Pius-Päpsten besonders gefördert wurde. Die Gläubigen sind dabei nicht gerade mündig geworden, sondern autoritätshörig und infantil geblieben. Gerade das aber war beabsichtigt: Das Volk sollte sich kindlich an Maria halten, es sollte gehorsam zum Papst halten, aber vor allem sollte es außer beim Rosenkranzbeten den Mund halten.

Mir leuchtet nicht ein, wie Maria vor etwas bewahrt werden musste, das erst vier Jahrhunderte nach ihrem Tod erfunden worden ist. Außerdem müsste man, wenn die Erbsünde tatsächlich durch den Geschlechtsakt übertragen würde, nicht nur Maria, sondern auch ihre Eltern und Großeltern und alle Generationen zuvor als von der Erbsünde bewahrt hinstellen. Man kommt damit an den Rand der Satire. Eine geistliche Dimension leuchtet mir allerdings ein: Wie Maria sind auch wir kein Zufall und kein Unfall, sondern Einfall der Liebe Gottes. Diese Liebe passt in kein menschliches Konzept, weil sie ganz und gar geschenkt ist.

So erinnert die *Conceptio Immaculata* an das Konzept der Liebe Gottes, die ganz Gnade ist, Geschenk, und die uns immer zuvorkommt. Wer Ja sagt zu Gott, wirkt mit der Gnade mit. Dennoch: Die Erbsündenlehre ist und bleibt eine platonisch vereinfachende Schwarz-Weiß-Malerei des Menschen- und Gottesbildes. Gott wird darin philosophisch idealisiert und der Mensch faktisch verteufelt. Doch Gott ist – zumindest in dem, was Menschen überhaupt von ihm erfahren können – nicht *nur* gut und der Mensch nicht *nur* schlecht, das Geheimnisvolle und Ambivalente, das Dunkle und Unerklärliche kann nicht vollständig weggekürzt oder ausschließlich einem von beiden in die Schuhe geschoben werden. Damit müssen wir klarkommen, theologisch und existenziell.

Abschied vom Opfertod

Bei den ketzerischen Gedanken zur Erbsünde stand auch die Frage nach dem Leid im Kontext. Klar ist: Sie kann nicht beantwortet werden. Vielmehr muss sie gestellt und offengehalten werden, aus Solidarität mit den Leidenden, als tatkräftige Erinnerung gegen das Vergessen, als Mitleiden. Leidensfähigkeit ist häufig eine Herausforderung zum Reifen und Wachsen. Das Leiden anderer ist zu bekämpfen und mitzutragen, das eigene Leiden kann in Freiheit bestanden und, wenn es nicht anders geht, angenommen werden. Verstehen kann man das Leiden niemals, bestehen kann man es im Glauben. Zur Hoffnung wider alle Hoffnung jedoch kann sich nur der Leidende selber durchringen, jede Deutung seines Leidens von außen wäre zynisch.

Doch wie ist das bei Jesus? War sein Leiden etwa gottgewollt, gar inszeniert als grandiose Erlösungstat eines beleidigt-blutrünstigen oder eines sich liebend-hingebenden Gottes? Bereits im Neuen Testament gibt es verschiedene Deutungen des Todes Jesu. Diejenige vom Opfertod ist nur eine davon. Sie hat sich aber in der kirchlichen Praxis, vor allem aber in der Liturgie, durchgesetzt. Ohne die häufige Erwähnung des Opferbegriffs hätte ein neues Hochgebet kaum Chancen, die römische Approbation zu erlangen. Etwas zugespitzt und flapsig ausgedrückt: Irgendwie muss immer Blut fließen, wenigstens verbal, um die Eucharistiefeier so richtig zum Messopfer werden zu lassen. Ich selbst formuliere diese Gebete immer neu und orientiere mich dabei an biblischer Sprache, am Thema des Evangeliums, wobei ich, um die traditionellen Katholiken zu beruhigen, die auf den rechten Ritus Wert legen, immer treu und brav ins Messbuch gucke.

Jesus ging seinen Weg konsequent und bis zuletzt, ein Leben voller Liebe und Leidenschaft für Gott und die Menschen. Sein Sterben war nicht von Gott gefordert, sondern durch Menschen erlitten. Es ist so gekommen, aber es war nicht so geplant. Menschen haben Jesus ermordet, er hat sich weder selbst geopfert noch ist er von irgendwem geopfert worden. Sein Sterben jedoch ist von Gott angenommen worden. Damit hat Gott seinen Sohn mitsamt seiner Botschaft ein für alle Mal bestätigt und in Kraft gesetzt. Die Kreuzigung ist ein grausames Menschenwerk, die Auferweckung ist Gottes Tat. Nur so kann man die Lebenshingabe Jesu wenigstens annähernd verstehen. Überhaupt sollte man den immer noch nach heidnischem Kuhhandel und Satisfikation klingenden Opferbegriff komplett aus der Theologie und vor allem der Liturgie streichen und dafür einfach Hingabe oder Lebenshingabe sagen. Dann geht es nicht mehr um Blut, sondern um Liebe. Christen sind benannt nach Christus, dem Gekreuzigt-Auferstandenen, in dessen Herz das Leid der Welt hineingeschrieben ist und jeden herausfordert.

Kirchenrecht am Ende

Das Kirchenrecht ging lange davon aus, dass die Kirche heilsnotwendig ist: »Außerhalb der Kirche kein Heil«, hieß der viel-
zitierte Satz von Cyprian von Karthago. Die Selbstrelativierung
der Kirche im Zweiten Vatikanischen Konzil hat dazu geführt,
auch deren Heilsnotwendigkeit in Frage zu stellen. Die Gemeinschaft mit der Kirche mag nicht mehr heilsnotwendig sein in
dem Sinne, dass Nicht-Katholiken nun nicht mehr automatisch
als verdammt angesehen werden. Heilbringend ist diese Gemeinschaft aber allemal, sie gilt weiterhin als der beste und tadelloseste
Weg zu Gott. Katholiken mit mustergültiger sakramentaler Biographie können sich weiterhin zumindest formal allein aufgrund
ihrer Kirchenzugehörigkeit sicher sein, auf einem geraden Weg zu
Gott zu gehen.

Das Kirchenrecht lebt also von zwei Voraussetzungen. Erstens:
Das Heil ist grundsätzlich nicht sicher, man muss sich darum be-
mühen. Zweitens: Das von Gott geschenkte Heil wird von der
Kirche sakramental verwaltet. Die Grundlagen des Kirchenrechts
sind also Heilsangst und ein kirchenförmig gedachter Gott. Wenn
nun aber alle Menschen auf die Gnade Gottes hoffen dürfen, wenn
ihre guten Taten nicht mehr Bedingung für seine Liebe, sondern
deren Konsequenz sind, wenn also niemand mehr vor Gott Angst
haben muss – ist das Kirchenrecht dann nicht weithin überflüssig?
Würde dann nicht eine Satzung zur internen Organisation des
kirchlichen Behördenapparats genügen? Und wenn Gott nicht
mehr kirchenförmig gedacht wird, sondern über alles hinaus und
mehr als alles, wenn also alle Menschen akzeptieren, dass Gott ein
großes Geheimnis ist, das nicht in Satzungen zu fassen ist – ist das
Kirchenrecht dann nicht eine nur zeitbedingte römisch-zentralis-
tische Erscheinung, auf die man auch verzichten kann? Sollte die

Kirchenleitung dann nicht auf der pastoralen Ebene mehr Entscheidungsvollmacht geben, mehr Vertrauen haben?

Das alles hätte sehr konkrete Konsequenzen. Ob wiederverheiratete Geschiedene oder konfessionsverbindende Eheleute die heilige Kommunion empfangen dürfen, würden dann nicht mehr das Kirchenrecht oder der Bischof, sondern die Ehepaare gemeinsam mit dem Seelsorger entscheiden. Ob gleichgeschlechtliche Paare wenigstens um einen Segen bitten dürfen und diesen dann auch im öffentlichen Raum erhalten, könnte dann nicht mehr vom Bischof untersagt werden, sondern läge in der Verantwortung vor Ort. Gottes Liebe hätte ohne das Kirchenrecht größere Chancen, an der Kirchenbasis anzukommen. Was das Kirchenrecht verbietet, würde sich als zentralistischer Formalismus herausstellen, der die Erfahrung der Liebe Gottes innerhalb einer feiernden Gemeinschaft geradezu verhindert.

Im Kirchenrecht, besonders im Sakramenten- und Eherecht, geht es häufig darum, ob etwas gültig oder ungültig ist, erlaubt oder unerlaubt. Es gibt auch unerlaubt Gültiges, dann ist die Erlaubnis manchmal auch im Nachhinein einholbar. Das möglicherweise Ungültige ist niemals erlaubt. Der Erlauber sitzt in Rom und entscheidet darüber, ob und wie ein Amtsträger im Namen der Kirche handeln darf. Ob etwas kirchenrechtlich gültig ist, also kirchenkonform, mag in volkskirchlichen Zeiten von Belang gewesen sein, dürfte aber heute als wenig relevant empfunden werden. Müssen wir es nicht so denken und sehen: Ob beispielsweise ein Segen gespendet werden darf, gehört in den Bereich der Pastoral, denn diejenigen, die den Segen erbitten, verbinden damit den Zuspruch der Liebe Gottes, nicht aber eine juristische Behördenkonformität oder eine Gültigkeit im Rahmen der Satzungen einer Glaubensgemeinschaft. Ich bin davon überzeugt, dass Gott den Kirchenjuristen mit humorvoller Milde (sie können nichts anderes), den Segensverweigerern aber mit Unverständnis (denn sie könnten anders) begegnen würde. Mancher wird fragen, warum Kirchenbehörden etwas erlauben oder nicht erlauben können, was ohnehin in den Bereich des Glaubens gehört und dessen Wirkung ohne diesen Glauben gar nicht spürbar wird. Mancher wird sich fragen: Was erlauben die sich? Das Recht dient eigentlich dazu, den Schwachen zu schützen. Wenn es aber nur dazu dient, den Schwachen weiter zu degradieren, indem man Menschen mit gebrochener Biographie Segen und Sakrament verweigert, dann dient ein solches Recht niemandem, höchstens eventuellem Narzissmus der Gesetzgeber und Machthaber.

Was sagt das über den gegenwärtigen Zustand der Kirche aus? Sie lebt (immer noch) von der Angst der Menschen! Angst jedoch ist Kennzeichen einer primitiven Naturreligion mit ihrem Hang zum Numinosen und zur Magie. Solange die Kirchenleitung mit einem zentralistischen Kirchenrecht Angst verbreitet und bestimmte Menschen vom bedingungslosen Geschenk der Liebe Gottes ausschließt, handelt sie nicht christlich. Der formalistische Umgang mit dem Kirchenrecht ist darüber hinaus Zeichen einer tiefsitzenden Heuchelei. Die Debatte um den Umgang mit dem sexuellen Missbrauch innerhalb der katholischen Kirche hat gezeigt, dass viele, die nach außen kirchenfromm tun, selbst genug Leichen im Keller haben. Wie anmaßend ist es, nun auch noch über die Konformität von Biographien anderer Christinnen und Christen richten zu wollen!

Bergpredigt statt Legende

Wie wichtig die historisch-kritische Exegese ist, wird mir nicht nur an Weihnachten bewusst, aber dann in jedem Jahr wieder ganz besonders. Mit Weihnachtsromantik konnte ich noch nie

etwas anfangen, und das hat seinen Grund. Die biblischen Erzählungen über die Kindheit Jesu sind theologische Legenden, sie
konstruieren den Anfang seines Lebensweges aus der Perspektive
von Ostern und verwenden dabei Motive aus dem Alten Testament. Wahr daran ist: Jesus kommt von Gott, wie auch immer.
Christen aber warten gar nicht aufs Christkind, sondern sie erwarten Christus, der sie herausfordert zur Nachfolge. Es ist be-
dauerlich, dass Christen die Legenden so ausgiebig feiern, während sie die Bergpredigt ignorieren.

Dennoch konnte ich die Weihnachtsromantik stets akzeptieren.
Sie ist immerhin Ausdruck der Sehnsucht nach einer heilen Welt.
Mag sie psychologisch eine kollektive Regression sein, die nach
dem Kindchenschema funktioniert, so hat sie doch eine große Bedeutung für den Zusammenhalt der Gesellschaft. Auch religiös
unmusikalische Menschen fühlen sich angerührt und können
einige Rituale mitmachen. Das Ganze ist furchtbar nett, aber er-
schreckend folgenlos, Tradition - Inhalt = Folklore. Solange es ums
Christkind geht und nicht um Christus, fehlt dem Christentum
die prophetische Kraft, das Potential zum Aufrütteln und Infrage-
stellen. Das Christentum ist kein Beruhigungsmittel und keine
Bühne für frommen Zauber, sondern eine Herausforderung. Will
der christliche Glaube wieder an Relevanz gewinnen, muss er politisch werden; er darf nicht nur einen Wahrheitsanspruch haben,
sondern muss sich der Wirklichkeit stellen. Das Christentum wird
nur dann weltgestaltende Kraft haben, wenn es nicht nur schöne
Gefühle verwaltet, sondern zur Nachfolge Christi wird.

Und genau darum geht es in der Bergpredigt, an der kein Christ
vorbeikommt (Matthäus 5–7). Sie ist das Grundgesetz Jesu und
eine Herausforderung, anders zu leben: bewusst, konsequent,
alternativ. Eben in der Nachfolge Jesu Christi. Ein hoher Anspruch

ist das, ein Ideal, das selten erreicht wird. Jeder kennt die Seligpreisungen, den Anfang der Bergpredigt. Jesus stellt die Welt auf den Kopf und verspricht den Zukurzgekommenen die besondere Nähe Gottes. Jeder kennt die Worte vom Salz der Erde und vom Licht der Welt. Und die sechs Antithesen: Widerworte, in denen Jesus ans Eingemachte des jüdischen Gesetzes geht und ihm seine eigentliche Bedeutung zurückgibt. Die Bergpredigt finden wir auch im Lukasevangelium, dort heißt sie Feldrede und ist etwas anders aufgebaut. Bei Matthäus steht die geläufigere Form. Er schreibt für seine Gemeinde aus Judenchristen und hat die Worte Jesu so zusammengestellt, dass daraus ein besonderer Anspruch zum Ausdruck kommt, ein Anspruch an die Gemeinschaft der Kirche. Das ist typisch für Matthäus, den kirchlichen Evangelisten.

Der Name Bergpredigt erinnert an Mose. Der hatte auf dem Berg Horeb die Zehn Gebote empfangen. Wenn jetzt – bei Matthäus – Jesus auf einen Berg steigt und seine wichtigste Rede hält, dann bedeutet das: Jesus gibt dem Gesetz des Mose einen neuen Sinn. Er setzt es nicht außer Kraft, er verkündet kein neues Gesetz, sondern er überbietet es, verschärft seine Forderungen. Matthäus will damit sagen: Jesus ist der neue Mose, der mit göttlicher Vollmacht spricht und handelt.

Über die Bergpredigt ist viel nachgedacht worden. Manche hielten sie für eine Utopie: Wer hält schon gerne die andere Wange hin? Wer liebt seine Feinde wirklich? Andere wie zum Beispiel Martin Luther meinten sogar, die Bergpredigt sei nur eine Art Gewissensspiegel, der uns deutlich macht, wie schlimme Sünder wir doch sind und dass wir deshalb Gottes Gnade unbedingt nötig haben. Dieses negative Menschenbild hatte Martin Luther von Augustinus übernommen. Spätestens seit der Friedensbewegung der Achtzigerjahre sagen die meisten: Man muss die Bergpredigt wieder ernst nehmen, so wie sie da steht: als Anspruch, als Maßstab konkreten Handelns im Konfliktfall, und nicht nur als Vision und Ziel.

Besonders scharf formuliert sind die sechs Antithesen. Antithese bedeutet: Gegenwort, Widerrede. »Ihr habt gehört – Ich aber sage euch«: Jesus gibt Widerworte. Er geht ans Eingemachte Israels, nämlich an die alten Gesetze des Judentums. Jesus macht mit dem Eingemachten ein ganz neues Fass auf: das konsequente Christsein.

Die erste Antithese: »Ihr habt gehört (…) Du sollst nicht töten. (…) Ich aber sage euch: Jeder, der seinem Bruder zürnt, soll dem Gericht verfallen sein« (Matthäus 5,21 f.). Jesus stellt damit den Sinn über die Wörter, er stellt das Gemeinte über das Geforderte. Nicht töten, das ist für ihn selbstverständlich. In der Gemeinde aber sollen Schwestern und Brüder sein, die versöhnt miteinander leben. Jesus stellt die Gesinnung über die Tat. Zürnen ist für ihn schon der erste Schritt zum Mord, weil die bösen Taten immer aus einem bösen Herzen kommen.

Die zweite Antithese: »Ihr habt gehört (…): Du sollst nicht ehebrechen. Ich aber sage euch: Jeder, der eine Frau begehrlich anblickt, hat in seinem Herzen schon die Ehe mit ihr gebrochen« (nach Matthäus 5,27 f.). Hier geht es, wie bei der ersten Antithese, um die Gesinnung. Dass Ehebruch eine schwere Sünde ist, geht schon aus den Zehn Geboten hervor. Was Jesus hier sagt, ist also nicht neu. Er möchte aber, dass wir uns nicht nur ängstlich an Gesetze halten, sondern dass wir in Freiheit die Würde des anderen achten. Er will, dass wir das Gute nicht nur aus Pflicht tun, sondern aus Liebe.

Die dritte Antithese: Ihr habt gehört: »Wer seine Frau entlässt, soll ihr einen Scheidebrief geben. Ich aber sage euch: Jeder, der seine Frau entlässt, außer wegen Unzucht, der macht sie zur Ehebrecherin, und wer eine Entlassene heiratet, begeht Ehebruch« (Matthäus 5,31 f.). Hier geht Jesus am deutlichsten über das jüdische Gesetz hinaus. Dort gab es nämlich die Ehescheidung, allerdings nicht als göttliches Gebot, sondern nur als Zugeständnis. Die Scheidungsurkunde sollte die Frau schützen, denn ohne neue Ehe wäre sie mittellos geworden, schutzlos und rechtlos. Jesus verbietet jegliche Entlassung aus der Ehe, und er verbietet auch die Wiederheirat Geschiedener. Das ist ein heikles Thema, gerade heute. Wie sollen wir damit umgehen? Das menschliche Leben läuft nicht immer so glatt, dass man sich an dieses Wort halten könnte. Wir kommen einer Lösung näher, wenn wir einmal genau hinschauen. Jesus sagt ausdrücklich: »Jeder, der seine Frau entlässt, außer wegen Unzucht« (Matthäus 5,32). Das ist die so genannte »Unzuchtsklausel«. Das griechische Wort für »Unzucht« ist *pornéias*; es kann auch »Ehebruch« bedeuten. Man könnte also auch übersetzen: Im Fall von Ehebruch, wenn keine Versöhnung möglich ist, wenn eine Ehe endgültig zerstört ist, dann muss man in die Zukunft schauen. Dann darf man einen Menschen nicht zwingen, für den Rest seines Lebens allein zu bleiben. Das gilt besonders, wenn einer der Partner dauerhaft untreu ist; dann soll der andere nicht zeitlebens darunter leiden, dass man ihn hat sitzen lassen.

Die vierte Antithese: »Ihr habt gehört (…): Du sollst keinen Meineid schwören (…). Ich aber sage euch: Ihr sollt überhaupt nicht schwören (…) Euer Ja sei ein Ja, euer Nein ein Nein« (Matthäus 5,33–37). Das ist Jesu Aufruf zur Wahrhaftigkeit – ohne Wenn und Aber, ohne Haken und Ösen. Ich finde es bemerkenswert, dass es auch in der Kirche immer noch den Eid gibt, vor allem den Amtseid, obwohl er ganz eindeutig dem Gebot Jesu widerspricht. Offenbar trauen auch Christen einander nicht über den Weg und brauchen den Eid als eine quasi magische und damit unchristliche Einschwörung auf den geforderten Kirchengehorsam.

Die fünfte Antithese: »Ihr habt gehört, dass gesagt worden ist: Auge um Auge und Zahn um Zahn. Ich aber sage euch: Widersteht dem, der euch Böses tut, nicht, sondern wer dich auf die rechte Wange schlägt, dem halt auch die andere hin« (Matthäus 5,38 f.). »Auge um Auge und Zahn um Zahn«, das ist die einfachste Methode, es jemandem heimzuzahlen. Wie du mir, so ich dir. Dann sind wir quitt. Ich gebe zu: Im Geheimen kommen auch mir manchmal solche Gedanken. Wenn man mir übel mitspielt, dann möchte ich mich wehren. »Auge um Auge und Zahn um Zahn«, das ist das alte Talionsgesetz. Von lateinisch *talio*, die Vergeltung, und *ius*, das Recht. Also ein Vergeltungsrecht. Religionsgeschichtlich war das ein riesiger Fortschritt. Denn vorher herrschte nur das Gesetz der Rache. Unrecht wurde mit noch größerem Unrecht vergolten, die Spirale der Gewalt nahm kein Ende. Da war das altorientalische »Auge um Auge und Zahn um Zahn« schon ein großer Gewinn. Ab jetzt wurde nur noch Gleiches mit Gleichem vergolten. Das war berechenbar, das erschien gerecht.

Als Christ glaube ich an Jesus, der die Spirale der Gewalt durchbricht, und zwar durch Liebe. Das hört sich erst einmal provozierend an, beinahe unmöglich, vielleicht sogar ein bisschen naiv. Aber es funktioniert! In der Bergpredigt lese ich von der größeren Gerechtigkeit. Und die besteht darin, es niemandem heimzuzahlen, sondern lieber auszuhalten. Nicht zu vergelten, sondern standzuhalten, notfalls sogar im Leiden. Und dann darauf zu hoffen, dass der Täter sich gerade dadurch verändert. Unrecht erleiden ist jedenfalls besser als Unrecht tun. Deshalb ist Abrüstung – die atomare und die zwischenmenschliche – wahrhaft alternativlos, sie überwindet bittere Angst und kalten Pragmatismus.

Aber: »Wer dich auf die rechte Wange schlägt, dem halt auch die andere hin.« Wenn ich das lese, regt sich Widerstand. Doch ich stelle mir das so vor: Wer mich auf die eine Wange schlägt, muss schon einiges an Aggression aufbringen. Er muss seine natürliche Abneigung gegen Gewalt überwinden und mir ins Gesicht schlagen. Wenn ich dann noch die andere Wange hinhalte, schlägt er vielleicht nicht mehr zu, weil ihn sein Gewissen beißt, weil ein Rest von Menschlichkeit ihn am nochmaligen Zuschlagen hindert. Leider gab es und gibt es einige Menschen, die keine Hemmungen mehr haben; Täter und Attentäter, die ihre Macht und Gewalt geradezu genießen. Es gibt Folterer und Menschenschlächter, die an Brutalität nichts, aber auch gar nichts auslassen. Aber im Allgemeinen sind die Menschen nicht so. Normalerweise ist ein Täter schockiert, wenn sein Opfer sich nicht wehrt. Er ist verdutzt und denkt vielleicht nach.

Ich habe es ausprobiert, es geht. Ein Mensch lässt keine Gelegenheit aus, mir Knüppel zwischen die Beine zu werfen. Vordergründig geht es um sachliche Argumente. Aber eigentlich ist es ein Machtspielchen. Jemand benutzt seine Intelligenz, um mir eins auszuwischen. Ich ärgere mich darüber. Eigentlich möchte ich ihm so richtig die Meinung geigen. Denn ich vermute hinter seinem dreisten Ego ein ganz kleines, anerkennungsbedürftiges Menschlein, das sich aufbläht, um größer zu wirken, als es ist. Ich meine: Wer nur als Sieger existieren kann, hat menschlich schon verloren. Ich hätte große Lust, dieses Machtspielchen mitzumachen. Zum Beispiel durch ironische Bemerkungen, durch kleine Nadelstiche, gepiekt mit der Nadel, die ich im Heuhaufen seiner Fehler finde. Nicht »Auge um Auge und Zahn um Zahn«, aber vielleicht »Wort um Wort, Bemerkung um Bemerkung«. Das aber tue ich einfach mal nicht. Denn die größere Gerechtigkeit besteht darin, dass ich freundlich bleibe. Ich halte ihn aus. Selbstverständlich wird mein

Leben dadurch nicht einfacher. Aber ich lasse mich nicht zur Gewalt hinreißen, auch nicht mit Worten. Und wenn ich ihn nicht tragen kann, nicht ertragen, dann bete ich für ihn. Ein Mensch, für den ich gebetet habe, wird nicht mehr mein Feind sein. Ich werde ihm anders begegnen, wenn ich ihn im Angesicht Gottes bereits vor Augen hatte.

Entwaffnung durch Gewaltlosigkeit, das ist die größere Gerechtigkeit, das ist die Ethik Jesu. Ihre Meisterdisziplin ist die Feindesliebe. Entsprechend lautet die sechste Antithese: »Ihr habt gehört, dass gesagt worden ist: Du sollst deinen Nächsten lieben und deinen Feind hassen. Ich aber sage euch: Liebt euere Feinde und betet für die, die euch verfolgen, damit ihr Söhne eures Vaters im Himmel werdet; denn er lässt seine Sonne aufgehen über Böse und Gute und er lässt regnen über Gerechte und Ungerechte« (Matthäus 5,43–45). Die Nächstenliebe gibt es schon im Alten Testament, allerdings nur innerhalb der eigenen nationalen und religiösen Grenzen (Levitikus 19,18); die universale Nächstenliebe Jesu im Neuen Testament geht schon darüber hinaus. Doch die Feindesliebe ist nicht zu toppen. Einige denken vielleicht: »Was für ein Friedensapostel, was für ein naiver Weltverbesserer!« Ich glaube, dass diese Botschaft ganz real und politisch ist, an Radikalität kaum zu überbieten: »Liebt eure Feinde!« Ob sich die Welt nicht ändern würde, wenn nur einer anfinge, das wörtlich zu nehmen? Interessant ist die Begründung: Gott lässt seine Sonne aufgehen über Bösen und Guten und er lässt regnen über Gerechte und Ungerechte. Im Angesicht der Weitherzigkeit und Großzügigkeit Gottes müssen alle menschlichen Unterschiede, müssen alle Konflikte verblassen.

Dem bürgerlichen Milieu volkskirchlicher Reste scheint übrigens die Fortführung der sechsten Antithese besonders ins Herz geschrieben zu sein: »Wenn ihr nämlich nur die liebt, die euch lieben, welchen Lohn habt ihr dafür? Machen nicht auch die Zöllner dasselbe? Und wenn ihr nur eure Brüder grüßt, was tut ihr da Besonderes? Tun das nicht auch die Heiden?« (Matthäus 5,46 f.). Auch Christen müssen zugeben, dass ihr Handeln oft nur aus Nächstenliebe innerhalb nationaler und familiärer Grenzen geschieht, also ganz naturgemäß ist und nicht der größeren Gerechtigkeit und damit der Ethik Jesu entspricht. Auch in ihrem Alltag ist nicht viel vom Universalismus der Nächstenliebe und noch weniger von der Radikalität der Feindesliebe zu spüren. Das muss sich ändern, denn hier könnten Christen endlich ein Alleinstellungsmerkmal vorleben und verkünden, das die Welt spürbar verändert. Und so enden die sechs Antithesen: »Seid also vollkommen, wie euer himmlischer Vater vollkommen ist« (Matthäus 5,48). Im parallelen Lukasevangelium steht in der Feldrede an der entsprechenden Stelle für »vollkommen« das Wort »barmherzig« (Lukas 6,36): »Seid barmherzig, wie euer Vater barmherzig ist!« Ich glaube, Gottes Vollkommenheit besteht in seiner Barmherzigkeit. Er ist nicht vollkommen im philosophischen Sinn, sondern barmherzig in der konkreten Praxis. Der damit verbundene Anspruch wäre zu groß, gäbe es nicht auch die Barmherzigkeit Gottes für einen selbst, die jedoch niemals ein Vorwand sein kann, alles beim Alten zu belassen.

Manchmal zitiere ich ein Wort, das dem englischen Schriftsteller Charles Reade zugeschrieben wird und möglicherweise chinesische oder andere Wurzeln hat. Es könnte auch in der Bergpredigt stehen: »Achte auf deine Gedanken, denn sie werden deine Worte. Achte auf deine Worte, denn sie werden deine Taten. Achte auf deine Taten, denn sie werden deine Gewohnheiten. Achte auf deine Gewohnheiten, denn sie werden dein Charakter. Achte auf deinen Charakter, denn er wird dein Schicksal.«

Liturgie statt Kult

Als das Christentum nach dem Untergang der Antike zu den Germanen kam, passten diese es ihren Bedürfnissen an. Bis ins fünfte Jahrhundert war das Christentum eine supermoderne Religion, die ohne Mission auskam. Die universale Nächstenliebe ohne Rücksicht auf Stand und Geschlecht war gemeinsam mit der Auferstehungsbotschaft aus sich heraus wirksam und anziehend. Erst durch die Germanen kam die diffuse Angst vor Gott im christlichen Gewand daher: ein Gott, der belohnt und straft. Sünde und Buße wurden wichtig sowie die Verehrung der Heiligen, die es vorher nicht gab. Die Eucharistiefeier und damit das Gedächtnis des Todes und der Auferstehung Christi wurde auf einmal quantifizierbar, sie wurde von der Gemeindeversammlung zur Messe, zelebriert von Gottesmännern, die jetzt magisch überhöht schienen. Die Messopferfrüchte konnten einem Anliegen zugedacht werden, die freie Zuwendung Gottes geriet zum Verwaltungsakt und zur Einnahmequelle für Messstipendien.

Darunter hat die Liturgie bis heute zu leiden. Priester, eigentlich nur Vorsteher der Gemeindeversammlung, gebärden sich archaisch als Gottesmänner. Die Realsymbole von Brot und Wein werden zu heilbringenden und magisch aufgeladenen Substanzen, die nur der Gottesmann herstellen kann (Hokuspokus kommt nach der Einschätzung vieler Forscher von *hoc est enim corpus meum*, »dies ist mein Leib«), woraus er seine Existenzberechtigung zieht. Kult ist das, was der Mensch vor der Gottheit tut, um diese gnädig zu stimmen. Liturgie ist die Feier der Gemeinde, die dessen gedenkt, was Gott für sie bereits getan hat. Kult ist frommer Zauber, Liturgie ist erinnerndes Vergegenwärtigen. Diese ist Glaube, jener bloß Religion, Machwerk von Menschen und Ausdruck von existenzieller Angst. Eine Liturgiereform müsste die tätige Mitfeier der

Gemeinde noch stärker hervorheben, den Klerikalismus und die magisch überhöhte Machtfülle des Vorstehers überwinden sowie biblischer Poesie den Vorrang vor römischem Recht geben. Mit einem Wort: Wir brauchen Synodalität auch in der Liturgie.

Dranbleiben – aber wie?

- der eigenen Glaubenserfahrung trauen
- auf Entwicklung setzen und auf Neues gefasst sein
- auf Leben für alle hoffen und an Gott in allem glauben
- alte Bilder und Metaphern, Deutungsmuster und Vorschriften loslassen
- mit der Bergpredigt die Welt verändern
- in der Liturgie die Freiheit feiern

Glauben ohne Kirche?

Glauben ohne Kirche ist für mich keine Option. Wenn der Glaube nicht konkret wird und sich vergemeinschaftet, existiert er faktisch nicht. Das ist das inkarnatorische Prinzip des Christentums: Weil Gottes Sohn Mensch geworden ist, muss auch der Glaube Hand und Fuß bekommen, er muss konkret greifbar sein, lebendig aus Fleisch und Blut.

Es gibt nicht nur den Glauben, sondern auch das Glauben. Der Glaube, das ist die Zusammenstellung von dem, was zu glauben ist. Er ist das Fürwahrhalten grundlegender Glaubenssätze, wie sie beispielsweise im Glaubensbekenntnis einen sprachlichen Ausdruck gefunden haben. Dieser Glaube bleibt jedoch häufig ein Satz-Glaube (Martin Buber), bei dem es oft genug um Rechthaben und Rechtbehalten geht. Über Glaubenssätze lässt sich trefflich diskutieren und streiten, hier gibt es häufig Gewinner und Verlierer. Der Glaube ist dennoch wichtig für das, was zu glauben ist.

Es gibt aber auch das Glauben. Hier wird es konkret und praktisch. Wie lebe ich meinen Glauben? Kann ich überhaupt einen Glauben haben, ohne ihn zu leben? Hier geht es nicht ums Fürwahrhalten, sondern um die Praxis. Was kommt dabei heraus? Für wen ist es hilfreich? Das Glauben ist häufig Ausdruck des Du-Glaubens (Martin Buber), also einer persönlich gelebten Gottesbeziehung. Diese fragt nicht mehr nach der Richtigkeit von Sätzen, sondern nach der Glaubwürdigkeit und Wahrhaftigkeit des Lebens. Es geht dabei nicht mehr um Glaubenslehren, sondern um eine Person: Jesus Christus. Und um die praktischen Konsequenzen aus einer persönlichen Beziehung zu ihm.

Der Glaube und das Glauben, beides ist wichtig. Ohne den Glauben wird alles beliebig, ohne das Glauben wird nichts konkret. Für beides brauche ich die Kirche. Denn die Gemeinschaft der Christen bewahrt den Glauben als die Summe intersubjektiver Erfahrungen mit Gott. Und sie motiviert dazu, glauben zu einem Tu-Wort zu machen. Glaube und glauben ohne Kirche ist für mich wie Liebe ohne Berührung, ohne Gegenüber. Kirche ist für mich schon längst nicht mehr der ängstliche Behördenapparat. Ich glaube nicht mehr daran, dass der Papst oder die Bischöfe mehr von Gott wissen als meine Oma. Kirche, das sind diejenigen, die glauben, während ich zweifle, die handeln, wenn mir die Motivation dazu fehlt, die weiterbeten, wenn ich es gerade nicht kann. Dadurch fühle ich mich getragen, motiviert und herausgefordert.

Warum nicht einfach austreten?

Auch wenn mir vieles nicht passt: Niemals würde ich aus der Kirche austreten. Ich verdanke ihr meinen Glauben, meine frühesten Erfahrungen mit Gott. Meine Heimatgemeinde war wie mein Elternhaus. Auch die Bibel ist nicht vom Himmel gefallen, sie ist ein Buch der Kirche. Es war die Gemeinschaft der Christen, die Gottes Wort in Menschenwort zusammengestellt, treu bewahrt und überliefert hat. Ich möchte die Bibel nicht einsam und allein konsumieren, ich möchte mit anderen darüber sprechen. Auch auf die Sakramente möchte ich nicht verzichten, allen voran die heilige Eucharistie, selbst wenn mich die häufig lieblos heruntergeleierten Gebete und die klerikale Überhöhung des Vorstehers maßlos ärgern. Ohne Kirche würde mein Glaube weniger Wirkung haben, wäre die Nachfolge Christi weniger konkret.

Kirchenvertreter müssen sich angewöhnen, den massenweisen Austritt aus der katholischen Kirche nicht achselzuckend hinzunehmen. Meistens wird in diesem Zusammenhang von Glaubensverlust oder Glaubensschwäche gesprochen. In Köln und Düsseldorf musste man Anfang 2021 monatelang bei den Amtsgerichten auf einen Austrittstermin warten, weil die Empörung über das Lavieren rund um die Aufarbeitung der Missbrauchsfälle so eklatant heftig war. Hier müssen Kirchenvertreter einmal ganz weltlich fragen: Woran liegt das? Und wenn es an uns liegt, was müssen wir tun?

Wenn in meinen beiden Pfarreien Christinnen und Christen die Kirche verlassen, liegt das selten an unseren Gemeinden vor Ort. Meistens ist ein Ereignis aus der großen Kirchenpolitik der Anlass, diesen Schritt zu tun, während der eigentliche Grund tiefer liegt und schon länger wirksam ist: Jemand glaubt nicht mehr, ein anderer ist schon lange enttäuscht, wieder ein anderer möchte schlichtweg die Kirchensteuern sparen. Ich schicke jedem Ausgetretenen einen Brief und biete ein Gespräch an. Kommt es zu einer Begegnung, bin ich jedes Mal überrascht: Niemandem ist dieser Schritt leichtgefallen, alle haben sich wirklich ernsthaft Gedanken gemacht. Kann es sein, dass manche noch dabei sind, nur weil sie bisher keinen Mut gefunden haben, auszutreten? Und wäre das nicht manchmal weitaus wahrhaftiger? Dennoch: Zum Dranbleiben gehört das Durchhalten, und die schnelle Lösung ist nicht immer die beste. Ich plädiere dafür, die Durststrecken des Glaubens und der Kirche schlichtweg auszuhalten, die Hoffnung nicht aufzugeben, Haltung zu bewahren.

Warum nicht die Konfession wechseln?

Und warum nicht einfach die Konfession wechseln? Ein katholischer Bischof sagte mir: »Guck doch mal in die evangelische Kirche. Die haben alle Reformen umgesetzt, die du für unsere Kirche forderst. Und was hat das gebracht? Die Kirchen sind noch leerer als bei uns.« Ich fand diese Aussage herablassend und zynisch. Es geht doch nicht darum, auf Biegen und Brechen die Kirchenräume mit irgendwelchen Menschen zu füllen, sondern es geht darum, glaubwürdig zu sein! Ein Kollege wunderte sich darüber, dass die altkatholische Kirche für reformfrustrierte römischkatholische Christinnen und Christen so wenig attraktiv ist, sie könnten dort doch alles haben, was sie sich wünschen, »Freiheit und bunte Gewänder ohne Unfehlbarkeit und Zölibat«. Doch so schön diese kleine Kirche auch ist, sie bleibt eine Nischenkirche und hält mir vor Augen, dass eine Kirche nicht nur theologisch sauber, sondern auch wirksam und gesellschaftlich relevant bleiben muss. Theologisch ist dort manches besser, allein wenn ich an die hervorragenden liturgischen Texte denke, die auch ich gerne verwende. Aber wenn eine Kirche nicht über die eigene kleine Gemeinde hinaus wahrgenommen wird, regrediert sie schnell zur Kuschelgruppe. Will die römisch-katholische Kirche nicht zur Sekte werden, muss sie grundlegende Reformen angehen. Nach deren Umsetzung wären sie und die altkatholische Kirche einander so ähnlich, dass man wieder gemeinsam unterwegs sein könnte. Wo ein Wille, da ein Weg!

Grundsätzlich bin ich davon überzeugt: Gott ist konfessionslos. Er ist weder katholisch noch evangelisch noch sonst etwas. Er bekennt sich zu seiner Schöpfung, zu allen Menschen, aber nicht zu irgendeiner Kirche. Die Spaltung der Christenheit ist eine Folge menschlicher Schuld. Jesus betet: »Alle sollen eins sein« (Johannes

17,21). Das ist der Maßstab. Im Grunde genommen sind alle Christen evangelisch, und alle sind katholisch. Evangelisch sind sie, weil sie unter dem Wort Gottes stehen, dem Evangelium. Dieses Wort ist nicht das Eigentum einer bestimmten Kirche oder Konfession, es ist vielmehr Maßstab und Herausforderung. Und alle Christen sind katholisch, weil sie das Ganze im Blick haben sollen. *katá holón* bedeutet: »über das Ganze«. Damit hat das Wort »katholisch« in etwa dieselbe Bedeutung wie heute »ökumenisch«. Der christliche Glaube ist eine Botschaft, die für die ganze Welt bestimmt ist, universal.

Ich bin gerne katholisch, auch römisch-katholisch. Vor einigen Jahren habe ich einmal gedacht: »Eigentlich müsstest du evangelisch-lutherisch werden, die haben die bessere Theologie, vor allem in Sachen Gnade und Rechtfertigung.« Aber dann kam ein sehr kluger evangelischer Kollege, ein väterlicher Freund, der sagte: »Bleib du mal schön katholisch. Deine Biografie ist viel wichtiger als die Theologie. Du musst dort bleiben, wo du deine Wurzeln hast.« Also bin ich geblieben, was ich bin: römisch-katholisch. Und ich möchte mithelfen, die katholische Kirche evangelischer zu machen – also evangeliumsgemäßer, und die evangelische Kirche katholischer – weiter und offener, spannender und heutiger.

Aber ich bin ein ziemlich evangelischer Katholik. Ich liebe die Akribie und Konsequenz, mit der die evangelische Kirche die Bibel auslegt. Ich liebe aber auch den Reichtum der Formen und Farben sowie die große Vielfalt, die mir meine katholische Kirche schenkt. Von den Freikirchen übernehme ich gerne einiges an Musik und Gebet, auf keinen Fall jedoch die eher biblizistische Dogmatik, bei der ich gezwungen werde, meinen Verstand auszuschalten. Theologisch haben sich Katholiken und Protestanten nämlich gar nicht so weit voneinander entfernt. Da gab es im 16. Jahrhundert viel Rechthaberei und Dummheit auf beiden Seiten. Heute sind wir wieder sehr nahe beieinander. Aber jetzt liegen fünfhundert Jahre Kulturgeschichte dazwischen. Wir hängen eben doch alle an Gewohnheiten, an Traditionen und kindlichen Geborgenheiten. Die können wir nicht einfach so abstreifen, weil Christen eben auch Menschen sind. Die Theologen werden noch viel über die Ökumene diskutieren müssen, die Bischöfe und der Vatikan werden sich noch lange gegen die Ökumene wehren, während die Gemeinden sie schon einmal im vorauseilenden Gehorsam und in eigener Verantwortung leben können. Einfach machen – es geht!

Das österlich-störrische Trotzdem

Der Glaube an Jesus Christus hat etwas grundlegend Trotziges, denn er trotzt dem Tod das Leben ab. »Ich glaube an die Auferstehung der Toten und das ewige Leben«, heißt es im Glaubensbekenntnis. Christen sind »getauft auf Christi Tod und auferweckt mit ihm zu Gott«, wie ein Kirchenlied in Anlehnung an Paulus (Römer 6) singt. Das Eintauchen ins Wasser – Taufen kommt von Tauchen – stellt symbolisch das Einswerden mit dem Tod Jesu dar, das Auftauchen das Einswerden mit ihm in der Auferstehung von den Toten. Diese Auferstehung ist so gewiss, dass, wenn es sie nicht gäbe, auch Jesus Christus selbst ein für alle Mal verloren wäre (1 Korinther 15).

Haben wir angesichts der derzeitigen Situation der katholischen Kirche keine andere Wahl, als diese palliativ zu begleiten, so ist und bleibt die weitaus größere, endgültige Perspektive doch eine andere. Diese Perspektive verheißt neues Leben. Gott ist Gott, und deshalb ist nichts für immer und ewig kaputtzukriegen, was von ihm gewollt, ins Leben geliebt, begleitet und von seinem Geist beseelt ist. Ein Blick in die bekannte Emmaus-Geschichte (Lukas 24,13 – 35) macht es deutlich. Gerne gehe ich in Gedanken durch diese Ostergeschichte, indem ich zwei einfache Fragen stelle. Zum einen: Was tut Jesus? Zum anderen: Was machen die Jünger?

Was tut Jesus in dieser Geschichte? Er geht mit, hört zu, fragt und bleibt mit den Jüngern nachdenklich stehen, wenn sie innehalten möchten. Er fragt noch einmal nach und bringt die Jünger erneut zum Sprechen. Er zeigt sich verwundert über ihre Unkenntnis der Schrift. Bis zu diesem Punkt ist Jesus diakonisch tätig. Er ist den Jüngern nahe und teilt ihre Trauer, indem er ihnen lange zuhört.

Erst jetzt bietet er ihnen eine Alternative an, indem er ihnen die Schrift erklärt: »Begreift ihr denn nicht?« (Johannes 15,17). Doch er drängt sich nicht auf und tut so, als wolle er weitergehen. Verkündigung drängt sich niemals auf, sie beginnt erst zu sprechen, wenn die Sehnsucht des Gegenübers klar erkennbar ist. Sie deutet das Leben von dem her, was ist. Sie behauptet nie: »Auch du brauchst Jesus!« Vielmehr lädt sie ein: »Was willst du, dass ich dir tun soll?« (Lukas 18,41).

Jesus lässt sich einladen, bleibt bei den Jüngern und ergreift die Initiative. Aus dem Eingeladenen wird der Gastgeber. Sie teilen miteinander Brot und Wein, das Erkennungszeichen der Hingabe Jesu. In diesem Teil der Geschichte wird es ganz dicht. Sie ist der liturgische Teil. Liturgie beginnt erst dann, wenn das Leben geteilt und gedeutet ist.

Im letzten Teil der Geschichte überlässt Jesus die Jünger sich selbst. Er ist plötzlich nicht mehr greifbar nahe, aber offensichtlich noch da. Denn es entsteht die Gemeinschaft der Jünger untereinander, mit dem geheimnisvoll-verborgenen, auferstandenen Jesus in ihrer Mitte. Sie gehen zurück nach Jerusalem und erzählen von ihrem Glück.

Was Jesus in der Emmausgeschichte tut, entspricht ziemlich genau den Grundvollzügen kirchlichen Handelns: Nächstenliebe, Verkündigung, Gottesdienst, Gemeinschaft (*Diakonia*, *Martyria*, *Leiturgia*, *Koinonia*). Und es entspricht exakt dem Verlauf einer Eucharistiefeier: Sammlung, Verkündigung, Brotbrechen, Sendung. Deshalb ist die Emmausgeschichte eine gute Orientierungshilfe für Pfarreiräte und Liturgiekreise, Caritas-Ausschüsse und Katechese-Gruppen. Und für christliches Handeln überhaupt: Caritas ohne Liturgie ist blind, Liturgie ohne Caritas ist lahm, Verkündigung ohne Gemeinschaft ist Belehrung, Gemeinschaft ohne Verkündigung ist Unterhaltung. Man kann die Vergleiche unendlich weiterführen. Alles, was Jesus tut, gehört zusammen und ist für eine christliche Gemeinde verbindlich.

Was aber tun die Jünger? Sie machen weitaus weniger! Sie bleiben einfach miteinander auf dem Weg. Sie hätten sich auch enttäuscht voneinander trennen können, hätten verzweifelt weglaufen können, weil ja doch alles keinen Sinn hat. Sie bleiben aber zusammen und sprechen miteinander, nehmen Anteil aneinander, teilen ihre Trauer ohne vorschnelles Halleluja. Sie hören Jesus zu und laden ihn zu sich ein. Damit tun auch sie genau das, was in den Grundvollzügen christlichen Handelns auf den Punkt gebracht ist: Sie halten fest an der Gemeinschaft, bleiben diakonisch tätig, indem sie Not und Enttäuschung teilen. Sie hören Jesus zu und teilen miteinander Brot und Wein.

Für mich ist hier das Minimum dessen ausgesprochen, was Christinnen und Christen tun müssen, um dranzubleiben: Auf dem Weg bleiben, miteinander sprechen, auf Jesus hören und sein

Mahl feiern. Hierfür brauchen wir nicht den Apparat der Apparat-schiks, nicht die aufgeblähte Verwaltungsbehörde, nicht das mo-narchische Auftreten hoher Amtsträger, nicht das magisch-kleri-kale Erwählungs- und Sendungsbewusstsein mancher Geweihter. Wir brauchen dafür Zeit füreinander, Nähe zueinander, Interesse aneinander, die Bibel, Brot und einen Schluck Wein. Vielleicht brauchen wir auch eine Gemeindeleiterin oder einen Gemeinde-leiter. Was wir aber vor allem brauchen, ist die feste Hoffnung, dass der Herr lebt und seine Kirche nicht verlassen hat. Auf dem Weg bleiben, miteinander sprechen – den Rest erledigt der auf-erstandene Jesus Christus selbst, der uns im Heiligen Geist zum Vater führt.

Im österlich-störrischen Trotzdem steckt die Kraft für eine er-neuerte Kirche, die nicht mehr um sich selbst kreist, die sich nicht selbst erhalten, sondern den Menschen dienen will. Ohne Sorge um sich selbst kann die Kirche besser für andere sorgen. Ohne ängstliches Verwalten der Vergangenheit wird es eine mutigere Zukunft geben. Eine österliche Kirche: mobil ohne allzu viele Immobilien, im Heute und Morgen ohne allzu viel Gestern, in anziehender Armut ohne abstoßenden Reichtum, katholisch-all-umfassend statt klerikal-spaltend. Es wird die Kirche Jesu Christi sein.

Dranbleiben – aber wie?

- auftreten statt austreten
- katholisch bleiben
- zusammenhalten und miteinander sprechen
- auf Jesus hören und Brot und Wein teilen
- über den Tod hinausdenken und hoffen

Herausforderungen

Will die Kirche nicht nur system-, sondern lebens- und heils-relevant sein, muss sie sich bestimmten Herausforderungen stellen. Sie muss Antworten auf existenzielle Fragen geben können und das weltgestaltende Potenzial des Evangeliums sichtbar machen und tatkräftig zur Geltung bringen. Tut sie das nicht, wird man ihr puren Selbsterhalt vorwerfen können. Die entscheidenden Herausforderungen sind Gerechtigkeit und Frieden, universale Nächstenliebe, die Einheit der Menschen und Religionen sowie die Spiritualität im Sinne einer gelebten und geteilten Sehnsucht. Ohne die Antworten auf diese Herausforderungen werden immer weniger Menschen Gründe dafür finden, dranzubleiben.

Immer noch und immer wieder: Frieden

Wenn ich an den Frieden denke, dann habe ich nicht nur Sorgen, sondern tatsächlich Angst, selbst wenn ich immer wieder behaupte, ansonsten wenig oder keine Angst zu haben. Ich habe Angst, wenn ich die Welt sehe: Der religiös verbrämte Terrorismus radikalisiert auch die bisher guten Kräfte. Man will sich wehren, selbst um den Preis von Abschottung und Diktatur. Populisten und Nationalisten verbreiten überall ihr Dummgeschwätz und finden Anhänger, die lieber grölen als denken.

Der Brexit ist eine erhebliche Störung der europäischen Idee. Nationalismus und Heimattümelei siegen über den gesunden Menschenverstand; man grenzt sich ab, handelt gegeneinander statt miteinander. Andere Staaten, wie zum Beispiel Polen und Ungarn, handeln noch zerstörerischer und egoistischer, indem sie Europa zu ihrem Vorteil nutzen, ohne tatsächlich die europäische Idee zu teilen. In den Vereinigten Staaten konnte mit Donald Trump ein Mann Präsident werden, der nach Berichten von Vertrauten an einer narzisstischen Störung leidet. Dünnhäutig und selbstverliebt war er, ohne demokratische Kultur. Ein gefährlicher, unberechenbarer Mensch war mithilfe ungebildeter und verbildeter Wählerinnen und Wähler demokratisch legitimiert an die Macht gekommen.

Das Schlimmste ist: Die Gegenkräfte werden immer schwächer. Wenn Staaten nicht mehr zusammenarbeiten, nicht mehr miteinander sprechen, ja, wenn sie Mauern bauen und Verträge kündigen, dann bekommen die Terroristen geradezu, was sie wollen: Chaos. Wenn Religion mit Terrorismus gleichgesetzt wird, dann verlieren alle Religionen an Glaubwürdigkeit, Vertrauen und Attraktivität. Auch das Christentum.

Warum wählen wir eigentlich immer die Falschen, gerade in Krisenzeiten? Warum kommen in den Vereinigten Staaten und in Russland, in Polen und Ungarn, in der Türkei und anderswo Diktatoren an die Macht? Und warum gewinnen in Frankreich, in den Niederlanden und auch bei uns in Deutschland rechtsradikale Kräfte an Zuspruch und Einfluss?

Die Jotamfabel aus dem Buch der Richter (Richter 9,8–15) ist nach Martin Buber »die stärkste antimonarchische Dichtung der Weltliteratur«. Im Alten Orient wurde ein guter König mit einem

Fruchtbaum verglichen. Denn wie ein Fruchtbaum, so soll der König Früchte und Schatten spenden, also Leben und Sicherheit. Doch der Ölbaum, der Feigenbaum und der Weinstock wollen nicht König sein; sie wollen nicht »über den anderen schwanken«. Am Ende wird der Dornstrauch zum König gemacht; ausgerechnet er, der weder Früchte hat noch Schatten spenden kann. Ein Nichtsnutz kommt ganz nach oben und verbreitet Schrecken und Gewalt.

Die guten Bäume wissen also, dass Politik mitunter ein schmutziges Geschäft sein kann, voller Kompromisse, langwierig und mühsam. Sie wollen ihr Fett, ihre Süßigkeit und ihren Wein nicht aufgeben. So bleibt nur der Dornstrauch übrig, der von Politik überhaupt nichts versteht. Wie heute: Weil so viele ein ruhiges Leben vorziehen, weil noch mehr lieber ihren Mund halten, kommen die Falschen an die Macht. Wer sich heraushält, wer die Welt sich selbst überlässt, riskiert seine und die Freiheit aller. Deshalb ist Engagement angesagt, sich einmischen, die guten Kräfte bündeln für Leben und Freiheit.

Auch Jesus will keinen faulen Friedhofsfrieden, der sich heraushält und alles einfach laufen lässt. Er will »Feuer auf die Erde werfen« (Lukas 12,49), will Eindeutigkeit und Entschiedenheit. Tatsächlich bewirkt ein gelebtes Christsein nicht nur Frieden, sondern auch Spaltung. Jesus ist kein Friede-Freude-Eierkuchen-Guru, der Gott einen guten Mann sein lässt. Vielmehr lädt er ein, die »Zeichen der Zeit« zu deuten. Selbstverständlich will Jesus keinen Krieg, keine Entscheidungen mit Gewalt. Dem widerspricht die Bergpredigt (Matthäus 5–7) mit dem Gebot der Feindesliebe und dem Verzicht auf Vergeltung. Aber Jesus möchte, dass wir mit friedlichen Mitteln für den Frieden kämpfen, ja, er fordert uns dazu heraus, notfalls dafür zu leiden.

»Lass ab vom Bösen und wirke das Gute, suche den Frieden und jage ihm nach!«, heißt es in den Psalmen und im 1. Petrusbrief (Psalm 34,15; nach 1 Petrus 3,15). Das Wort macht mir Mut, den Frieden zu suchen, ihm geradezu »nachzujagen«, ihn zum Wichtigsten zu machen, was ich auf Erden tun kann. Und zwar, weil ich an Gott glaube. Auch in unsicheren Zeiten, auch in Sorgen und Angst: Es geht darum, die Welt aus dem Glauben heraus zu gestalten. Der Psalm sagt: Frieden ist keine Illusion, sondern eine Aufgabe. Der 1. Petrusbrief sagt: Die Kirche ist eine Friedenszone, sie hat eine Friedensmission.

Es geht zunächst um den Frieden mit Gott. Viele befinden sich in einem Krieg mit ihm. Sie wollen sein wie er, das ist die Ursünde. Sie spielen selbst Gott, missbrauchen ihre Macht, überschätzen sich selbst. Der Friede jedoch ist in denen lebendig, die sich von Gott leiten lassen. Gott hat die Welt mit sich versöhnt, aber diese Versöhnung ist nicht nur Gabe, sondern Aufgabe. Sie muss angenommen und zur Tat werden. Wie aber sollen Menschen diesen göttlichen Frieden finden, wenn sie nicht an Gott glauben?

Dann geht es um den Frieden mit anderen. Es geht darum, den Nächsten zu lieben, ohne Unterschied. Es gibt menschlich kein Oben und Unten, kein *America first* und keine bevorzugte Nation. Der Glaube an Gott ist nicht provinziell, sondern universal; jede Art von Nationalismus, Clandenken und Gruppenegoismus widerspricht dem Christentum und der Würde eines jeden Menschen. Wenn die Kirchen nicht durch so viele Skandale selbst verdächtig geworden wären, wenn die katholische Kirche nicht so reformresistent wäre und dadurch ihr Potenzial in der modernen Welt weitgehend verspielt hätte, dann könnte sie hier ein gutes Vorbild sein. Denn »katholisch« heißt »über das Ganze«, also weltweit. Katholisch bedeutet: offen und offensiv, für alle und eindeutig. Papst Franziskus hatte zu Beginn seiner Amtszeit diese Botschaft gelebt, oft gegen Widerstände. Irgendwann jedoch hatte er aufgegeben.

Nach dem Frieden mit Gott und den Mitmenschen geht es um den Frieden in mir selbst, um mein Inneres. Selbsterkenntnis und Gotteserkenntnis gehen stets Hand in Hand. Wer sich selbst gut kennt, kann sich leichter verändern. Wer sich besitzt, kann sich verschenken. Wer Gott die Ehre gibt, wird Frieden haben. Wer den Schöpfer akzeptiert, bleibt sein Original. Wie aber finden Menschen diesen inneren Frieden, wenn sie sich selbst nicht kennen?

Wir müssen die »Zeichen der Zeit« erkennen, von denen Jesus (Matthäus 16,3; Lukas 12,56) und das Zweite Vatikanische Konzil (*Gaudium et Spes*, 11) sprechen. Die Herausforderungen der Zeit sollen benannt werden, und es soll um Wege und Lösungen gehen aus dem Evangelium heraus. Und zwar nicht hinter verschlossenen Türen, sondern ganz bewusst öffentlich, für jeden zugänglich. Denn solange man miteinander spricht, gibt es keinen Krieg. Erst wenn das Gespräch abreißt, wachsen zuerst Fantasien und dann Aggressionen. Und wer betet, müsste eigentlich merken, dass man Fäuste nicht falten kann.

Universale Nächstenliebe statt Anbetung der Gene

Der Mensch ist ein Rudeltier. Er möchte irgendwo dazugehören, am besten zu einer Gruppe, die ihm das Gefühl von Sicherheit schenkt. Für diese Sicherheit opfert er nur allzu gerne seine Freiheit, jedenfalls ein Stück davon. Der Mensch ist ein Rudeltier, ein *zoon politikon*, weil er Gemeinschaft braucht und allein nicht überleben kann. Ohne Gruppenzughörigkeit kann kein Sozialverhalten gelernt werden. Das ist die eine Seite.

Die andere ist: Gruppen grenzen sich voneinander ab, sie grenzen ein und aus, weil das ihr Zusammengehörigkeitsgefühl stärkt. Das gilt für alle Gruppen, vom Fanclub über den Schützenverein bis zu den Kirchen: Man definiert sich. Definieren heißt Grenzen ziehen. Gruppengrenzen dienen der Identitätsfindung. Je weniger einer weiß, wer er ist, desto mehr braucht er die Gruppe. Wer nur wenig Selbstbewusstsein hat, bezieht seine Identität vorrangig aus der Gruppe, die ihm dann sagt, wer er sein und was er tun soll. Bezieht jemand seine Identität allein vom Gruppenführer, so kann das besonders gefährlich werden und gewalttätig enden. Darum gibt es so viele Kriege, so viel Abgrenzung und Streit, Rechthaberei und Dummheit. Identität durch Abgrenzung, das wird zurzeit wieder ganz modern, auch in Deutschland. Selbst vor den Kirchen hat der populistische Trumpismus nicht Halt gemacht und es gibt auch Christen in der so genannten Alternative für Deutschland. Auch die in der Corona-Krise auftretenden selbsternannten Querdenker und Verschwörungstheoretiker tendieren in diese Richtung.

Nationalismus ist die Anbetung der Gene. Verwandte sind Freunde, alle anderen sind Feinde. Wer näher mit mir verwandt ist, der ist mein Freund, wessen Gene von meinen eigenen weiter abweichen, der ist mein Feind. So kommt es dazu, dass konservative Politiker wie etwa die Republikaner in den Vereinigten Staaten ohne mit der Wimper zu zucken in anderen Ländern Kriege führen, Mauern gegen Flüchtlinge bauen, das Recht auf Waffenbesitz einfordern und zugleich im eigenen Land gegen Abtreibung sind. Wobei zu bedenken ist, dass Trump & Co. den katholischen Bischöfen und konservativen Religionsvertretern das Thema Abtreibung zunächst nur als Zuckerstückchen hingeworfen hatten, um sie gefügig zu machen. In Wirklichkeit ist das nicht humanes, sondern völkisches Denken. Die Ideologie dahinter: Bei den Kriegen kommen nur die fremden Anderen ums Leben, bei der Abtreibung im eigenen Land jedoch werden die »volkseigenen« Gene geschmälert. Hier geht es also gar nicht um Menschlichkeit an sich, sondern wie im Krieg um den Fortbestand des eigenen Gen-Pools und die Bekämpfung oder gar Auslöschung des anderen, es geht bloß um Selbsterhaltung und Fortpflanzung, Darwin lässt grüßen. Naive katholische Bischöfe, die sich später von Trump distanzieren mussten, haben ihm wegen der Abtreibung zunächst aus der Hand gefressen. Auch konservative Katholiken in Polens PIS-Partei und anderswo kriegen das offensichtlich überein: Nationalismus, Krieg, Todesstrafe auf der einen und einen erbitterten Kampf gegen Abtreibung auf der anderen Seite. Um es klar zu sagen: Ich lehne Abtreibung selbstverständlich ab, aber eben auch Krieg, Waffenbesitz und Mauern gegen Geflüchtete. Und zwar überall und grundsätzlich, nicht nur im eigenen Rudel.

Die eigentliche Identität vieler Menschen ist ihre Nationalität, ihr Familienclan, ihre Gruppe. Die wird in manchen Bereichen religiös überhöht. Oder die Religion wird benutzt, um sich selbst auf- und den anderen abzuwerten. Religionsgemeinschaften können dann auch zum Rudel werden, vom Nahen Osten bis zum Wilden Westen. Ein Religionsrudel entsteht, wenn man sich selbst absolut setzt und meint, den einzig wahren Zugang zum einzig wahren Gott zu haben. Das endet immer in Rechthaberei, in unsinnigen Definitionen und Dogmen, in Mord und Totschlag. Gott allerdings braucht keine Krieger und keine Verteidiger. Er braucht niemanden, der ihn beschützt.

Deshalb dürfen wir unsere Identität nicht nur in der Abgrenzung sehen. Wir sind nicht nur ein Teil der Natur. Wir sind zur Kultur berufen, zu einer Kultur der Menschlichkeit. Natur bedeutet: Der Stärkere siegt. Kultur heißt: Der Stärkere kann nachgeben und der Klügere tut es auch. Natur bedeutet: Der Stärkere setzt sich durch. Kultur heißt: Der Stärkere beschützt den Schwachen. Natur bedeutet: Zuerst komme ich und meine Familie. Kultur bedeutet: Liebe deinen Nächsten, denn er ist wie du. Von Natur aus wird es immer wieder Kriege geben. Kultur ist das Rezept für den Frieden. Christsein geht sogar noch darüber hinaus: Liebe deine Feinde!

Die Feindesliebe ruft uns ins Gedächtnis: Wir haben Würde, weil wir Menschen sind, jeder einzelne, und nicht nur, weil wir zu irgendeinem Volk gehören, zu einem Verein, zu einer Religion oder Konfession. Wir sind Kinder Gottes, und Gott ist der Vater aller Menschen. Zivilcourage haben immer zunächst Einzelne, und dann erst deren Gruppen. Einzelne, die es wagen, einen neuen Weg zu gehen. Mit einer großen Vision, einer Hoffnung. Ich denke an Mahatma Gandhi, Dietrich Bonhoeffer oder Mutter Teresa. Solche Visionäre verändern die Welt. Sie prägen die Kultur ihrer Gemeinschaften. Heraus aus den Grenzen, hinein in die grenzenlose Liebe: Das nennt man Universalismus.

Diesen Universalismus musste auch Jesus lernen. In der Geschichte von der kanaanäischen bzw. syro-phönizischen Frau (Markus 7,24–30) erfahren wir: Jesus hat sich ganz als Jude verstanden, als Teil seines Volkes Israel. Er sagt: »Ich bin nur zu den verlorenen Schafen des Hauses Israel gesandt.« Deshalb will er mit der kanaanäischen Frau nicht einmal sprechen. Er weist sie schroff ab: »Es ist nicht recht, das Brot den Kindern wegzunehmen und den Hunden hinzuwerfen.« Schlimm: Jesus bezeichnet

Nicht-Israeliten und Ausländer als »Hunde«! Doch die Frau bittet hartnäckig weiter. Sie hat Kultur und akzeptiert die »naturgegebene« Abgrenzung schlichtweg nicht. Deshalb bekommt sie, was sie wünscht: Ihre Tochter wird gesund. Und noch mehr. Jesus sagt zu ihr: »Dein Glaube ist groß.«

Das erste, das mir auffällt, ist: Jesus lernt. Er weiß nicht alles, er kennt seinen Auftrag nicht genau. Er braucht dazu die Hilfe einer Frau. Zunächst fühlt er sich nur zu Israel gesandt. Dass er der Messias aller Menschen ist, lernt er durch die kanaanäische Frau, also durch eine Heidin, eine Ausländerin, eine Fremde. Auch wir lernen heute mehr durch das Fremde als durch das Eigene. Wer nur im eigenen Saft schmort, wer außer seiner Nachbarschaft und seinem Verein seit Jahrzehnten nichts und niemanden kennen gelernt hat, der wird provinziell, engstirnig. »Ungestörte und einstimmige Heimaten bergen nicht, sie verdummen« (Fulbert Steffenski). Deshalb ist es gut, dass wir heute in andere Länder reisen, viele Sprachen lernen, dass es Schüleraustausch gibt und Informationen durch die Medien. Multi-Kulti ist heilsam: Dadurch werden wir unsere Angst vor dem Fremden immer mehr verlieren. Wir werden tolerant. Vorausgesetzt, wir gebrauchen unsere Vernunft, gehen verantwortlich mit der Freiheit um und lieben unseren Nächsten um seiner selbst willen.

Das zweite, das auffällt, ist: Jesus wendet sich einer Heidin zu. Er hat, nachdem er gelernt hat, keine Berührungsängste mit Andersgläubigen. Er sieht das Gemeinsame. Zwar tut er sich zuerst schwer damit, aber dann gelingt ihm doch ein Dialog. Er stellt fest, dass die kanaanäische Frau einen »großen Glauben« hat. Bisher hatte er wohl gedacht, Glauben gäbe es nur in Israel. Doch jetzt, dank dieser Frau, merkt er: Glaube ist universal, denn Gott ist der Vater aller Menschen. Das ist das universale Christentum:

Nächstenliebe ohne Grenzen! Diese universale Nächstenliebe zu verkünden und zu leben ist eine Chance und Herausforderung für die Kirche. Dafür muss sie ihre eigenen rechtlichen Aus- und dogmatischen Abgrenzungen auf das für ihre Identität notwendige Maß reduzieren und sich mutig auf eine mündig gewordene Welt einlassen.

Nur etwas für Gutmenschen?

Frieden gibt es nicht ohne Gerechtigkeit. Die Herausforderung heißt deshalb, Gerechtigkeit zu schaffen – für einen gerechten Frieden. Dazu gehören ökologisches Wirtschaften, Schuldenerlass, die Sorge für Migranten und Geflüchtete sowie eine weltweite Kontrolle des ungebremsten Kapitalismus. Das allerdings sind mittlerweile allzu große Aufgaben für eine kleine Kirche, die auf höherer Ebene nur appellieren und auf unterer Ebene oft nur den berühmten Tropfen auf den heißen Stein gießen kann.

Gerechtigkeit und Recht können sehr unterschiedlich empfunden werden. Was Recht ist, kann als ungerecht empfunden werden, was jedoch objektiv gesehen illegal ist, kann im Einzelfall als legitim erscheinen, sofern es einer höheren Sache dient. Ein Beispiel dafür ist das Kirchenasyl, das zwar staatlichen Gesetzen widerspricht, aber um der Menschlichkeit willen als legitim anerkannt und von daher noch stillschweigend akzeptiert wird.

Einen guten Einblick gewährt die katholische Soziallehre, die auch gerne als Herz-Jesu-Marxismus bezeichnet wird, da sie im 19. Jahrhundert entstanden ist und im Grunde genommen einen kontrollierten, zugleich humanistisch und christlich geprägten Sozialismus darstellt. Die soziale Frage im 19. Jahrhundert brachte einige

Lösungsversuche hervor, vor allem den Kommunismus auf der einen und die katholische Soziallehre auf der anderen Seite. Dieser »dritte Weg« zwischen Kapitalismus und Sozialismus hat sich, angefangen von der ersten Sozialenzyklika *Rerum Novarum* von 1891, schrittweise weiterentwickelt. Statt der kapitalistischen Ausbeutung des Menschen oder – im Kommunismus – der Revolution und der Abschaffung des Privateigentums versucht die katholische Soziallehre, alle gesellschaftlichen Kräfte an einer humanen Ordnung solidarisch zu beteiligen. Die Prinzipien der katholischen Soziallehre sind übrigens bei der Gründung der Bundesrepublik Deutschland teilweise ins Grundgesetz eingeflossen und haben die soziale Marktwirtschaft entscheidend mitgeprägt. Diese Prinzipien sind Personwürde, Solidarität, Subsidiarität, Gerechtigkeit und Nachhaltigkeit. Der Mensch als Abbild Gottes hat Vorrang vor dem Kapital, seine Würde ist unantastbar. Privateigentum ist deshalb Naturrecht, weil es Kreativität, Freiheit und Eigenverantwortung fördert. Solidarität bedeutet: Gemeinwohl vor Eigennutz, Arbeit vor Kapital, Mensch vor Rendite, jedoch erhält die Solidarität durch die Subsidiarität ihr notwendiges Gegengewicht, damit die Allgemeinheit nicht als Selbstbedienungsladen gebraucht wird. Das bundesdeutsche Rundum-Sorglos-Paket, diese Vollkasko-Mentalität, mit der man jede Verantwortung auf die Allgemeinheit abschiebt, ist deshalb ebenso obsolet wie der Sozialismus im ehemaligen Ostblock. Subsidiarität besagt, dass der Staat dem einzelnen oder einer Gruppe Beistand zu Selbstentfaltung und Eigenverantwortung leisten soll. Das Prinzip der Gerechtigkeit meint: Nicht allen das Gleiche, sondern jedem das Seine! So hat jeder einen Anspruch auf gerechten, aber nicht auf den gleichen Lohn, auf Mitbestimmung und Teilhabe. Ein neuerer Begriff der katholischen Soziallehre ist die Nachhaltigkeit, bei der es unter anderem um die ökologische Verantwortung sowie um Bildung geht, die ein Menschenrecht ist und zu sozialem Fortschritt auf globaler Ebene führt.

Der ungebremste, neoliberale Kapitalismus ist der hauptsächliche Grund für die heutige politische Weltlage, für soziale Ungerechtigkeit, für das Auseinanderklaffen der Schere zwischen Arm und Reich, für die Flüchtlingskrise und für Terrorismus und religiösen Fanatismus. Ausbeuter und Ausgebeutete stehen einander gegenüber, Gewinner und Verlierer, Manager mit satten Boni und Erwerbslose. Dagegen helfen vor allem Verantwortung, Solidarität und Bescheidenheit. Die Prinzipien der katholischen Soziallehre jedenfalls haben nichts von ihrer Aktualität verloren. Für mich besteht eine wichtige Frage darin, wie aus der freien Marktwirtschaft wieder eine soziale, also staatlich kontrollierte, wird.

Die Zeit, in der die Kirche vor allem durch ihre Soziallehre als gesellschaftsrelevant wahrgenommen wurde, ist vorbei. Viele fragen: Wozu ist Kirche überhaupt noch da, welche Themen hat sie zu bieten, welche Antworten und Lösungen? Tatsächlich sind nicht nur der Institution die Themen ausgegangen, dem Vatikan und den Diözesen, sondern auch den Gemeinden vor Ort. Hatte man dort noch vor Jahren am Thema Frieden, Gerechtigkeit und Bewahrung der Schöpfung gearbeitet, hatte man Sozialverbände gegründet, um gesellschaftlich wirksam zu bleiben, so begnügt man sich derzeit damit, die Versorgung mit Gottesdiensten sicherzustellen und die Feier von biografischen Anlässen – Taufe, Erstkommunion, Firmung, Trauung, Beerdigung – irgendwie über die Bühne zu kriegen. Mehr ist oft nicht drin.

Themen zu finden ist schwer geworden, und das hat seinen Grund. Wie will eine Kirche für Demokratie eintreten, die selbst monarchisch und klerikal aufgestellt ist? Wie kann sie für Gleichberechtigung sorgen, solange sie die Hälfte ihrer Mitglieder diskriminiert? Wie will sie nach all den Übeltätern in ihren eigenen

Reihen noch moralisch ernst genommen werden? Die Menschenrechte wären ein Thema, aber diese wurden zunächst von der Kirche für Teufelszeug gehalten und erst im Zweiten Vatikanischen Konzil gewürdigt. Umwelt- und Klimaschutz wären ein Thema, aber solange sich der Lebensstil von Christen nicht erkennbar unterscheidet, wird Papst Franziskus mit *Laudato 'si* wohl allein bleiben auf weiter Flur. Absichtserklärungen kriegen wir prima hin, in der Realität aber ist außer Spesen nichts gewesen. Nur beim Thema Selbstbeschäftigung sind wir einsame Spitze.

Kirche ist und hat kein Thema mehr, weil sie ihre eigenen Hausaufgaben nicht gemacht und dadurch an Relevanz weitgehend verloren hat. Solange sie das Einmaleins der modernen Gesellschaft nicht kennt, wird man ihr auch geistlich misstrauen. Erst nach grundlegenden Reformen im Inneren kann sie wieder wirksam für Gerechtigkeit eintreten. Sie muss jetzt beherzt Reformen umsetzen, um gesellschaftlich überhaupt als Gesprächspartner ernst genommen zu werden.

Gott ist parteiisch: Politisch bleiben

Wir sind zu wenig politisch: Das wird vielen unserer Zeitgenossen, insbesondere der jungen Generation, vorgeworfen. Von der Achtundsechziger- bis zur Friedensbewegung war einfach mehr los: Mehr Meinungsbildung, mehr Diskussion und ein stärkerer Einsatz für Frieden, Gerechtigkeit und Bewahrung der Schöpfung. Noch in den Neunzigerjahren waren in meinen jetzigen Pfarreien in Ahaus die Auseinandersetzungen um die Atompolitik virulent, sie waren Tagesgespräch. Die Christinnen und Christen haben sich deutlich positioniert und dabei mächtig Wirbel gemacht. Denn in Ahaus steht ein Brennelemente-Zwischenlager, das immer mehr zum Endlager zu werden droht. Heute führen nicht nur Bürgerinitiativen, sondern sogar die Stadtverwaltung selbst einen Prozess gegen den Betreiber des Atommüll-Lagers. Doch in der Bevölkerung scheint das Thema nur noch bei einigen Alt-Achtundsechzigern mit großer Demonstrationserfahrung auf der Tagesordnung zu stehen. Wir lassen Juristen für uns streiten, aber wir streiten selbst nicht mehr um so etwas wie Wahrheit und Überzeugung.

Es ist aber nicht nur die junge Generation. In meinen bisherigen Pastoralteams wurde für mein Dafürhalten ebenfalls zu wenig diskutiert. Jeder kümmert sich nur um seinen Arbeitsbereich, seine jeweilige Zuständigkeit. Dann geht es am Ende nur um »meine« Katechese, »meinen« Pfarrbrief und »meine« Sternsinger oder Messdiener. Der Blick auf das Ganze fehlt, auf die Tages- und Kirchenpolitik, auf Gemeindeentwicklung und Weltgestaltung. Wer nur das eigene Schäfchen ins Trockene bringen will, wird niemals ein guter Hirte sein; wer nur Arbeitsbereiche und Zuständigkeiten verwaltet, dem mangelt es an Begeisterung, Leidenschaft und Empathie für das Ganze. Politisch sein heißt in diesem Sinne, sich für die öffentlichen Belange zu interessieren, mitzumischen und auch diejenigen Themen existenziell an sich herankommen zu lassen, die über den eigenen Gartenzaun, den eigenen Terminkalender und das eigene Portemonnaie hinausgehen.

Im September 2020 trat in Ahaus erstmals die so genannte Alternative für Deutschland zur Kommunalwahl an. Ich habe damals im Auftrag der Leitungsgremien der drei Ahauser Pfarreien eine Stellungnahme verfasst, die heftig diskutiert wurde, eine Flut von Leserbriefen hervorgebracht und böse Nachstellungen im Hinblick auf meine Person zur Folge hatte. Hier die Stellungnahme im Wortlaut:

»Freiheit und Demokratie gehören zu den großen Errungenschaften der Menschheit, die es mit allen Kräften zu schützen gilt. Als Bürger*innen und als Christ*innen machen wir deshalb von unserem Wahlrecht Gebrauch. Wir haben die freie Wahl zwischen vorrangig sozialer oder ökologischer Politik, zwischen eher konservativen oder eher liberalen Werten. Es gibt Parteien, die sich besonderer lokaler Themen angenommen haben, und Politiker*innen, die sich ohne Parteimitgliedschaft für ihre Stadt engagieren. Es ist ein breites Spektrum, die Meinungsfreiheit ist ein hohes Gut.

Nur eine Wahl haben Christ*innen nicht. Sie können ihre Stimme keiner Partei geben, deren Ziele dem christlichen Menschenbild widersprechen, deren Spitzenvertreter sich nicht eindeutig genug von populistischen, nationalistischen und rassistischen Tendenzen distanzieren und die aus den Fehlern insbesondere der deutschen Geschichte nichts lernen wollen. Wer die Würde eines jeden Menschen relativiert und die freiheitliche Demokratie gefährdet, gehört weder ins Parlament noch in den Stadtrat.

Der christliche Glaube ist nicht parteipolitisch, das versteht sich von selbst. Weil aber Gott parteiisch ist – für Recht und Gerechtigkeit, für Freiheit und Verantwortung, für die Armen und Leidenden –, ist der Glaube politisch. Deshalb darf die Kirche nicht schweigen, sie muss sich um Gottes willen zu Wort melden.«

Die Stellungnahme nennt bewusst keinen Parteinamen, auch nicht denjenigen der AfD. Dennoch fühlten sich deren Vertreter angegriffen, sie hatten sich offenbar bereitwillig den Schuh angezogen. Beatrice von Storch hielt im benachbarten Borken eine Rede, die hauptsächlich die politische Einmischung »durch den Pfarrer von Ahaus« geißelte. »Gut so«, habe ich gedacht, denn ein Angriff von dieser Seite ist eine große demokratische Ehre.

Christen müssen politisch sein. Politik ist Teil der Spiritualität, sie ist Ausdruck des Glaubens. Eine große Chance und Herausforderung besteht darin, dass sich Christen und die Kirche nicht nur mit sich selbst beschäftigen, sondern sich mehr in das öffentliche Leben einmischen. Bevor sie das wieder können und moralisch auch dürfen, müssen sie sich für demokratische Kirchenreformen einsetzen, um öffentlich überhaupt wahr- und ernstgenommen zu werden.

Gemeinsame Sache machen

Es wird Zeit für den Schulterschluss aller Konfessionen und Religionen mit allen Menschen guten Willens. Das Zweite Vatikanische Konzil lehrt, dass auch in anderen Religionen Heilswege zu finden sind und dass der Heilige Geist in allen Menschen guten Willens wirkt, auch in denjenigen, die nicht religiös oder kirchlich gebunden sind. Gott ist größer als die Kirche! Diese Selbstrelativierung der Kirche kann für die ganze Welt heilsam sein. Das Zweite Vatikanische Konzil sieht den eigentlichen Sinn der Kirche darin, dass sie der Einheit aller Menschen untereinander und mit Gott dient: »Die Kirche ist ja in Christus gleichsam das Sakrament, das heißt Zeichen und Werkzeug für die innigste Vereinigung mit Gott und für die Einheit der ganzen Menschheit« (*Lumen Gentium* 1).

Es gibt keinen Frieden auf Erden ohne den Frieden der Religionen untereinander. Es gilt, das Gemeinsame zu finden, statt sich durch Abgrenzung und Anfeindung eine Identität billig zu erschleichen, wie dies bei Fundamentalisten jedweder Prägung geschieht. Um mit anderen Religionen in den Dialog zu treten, muss man die jeweils eigene sehr gut kennen, um als Gesprächspartner ernst genommen zu werden. Dies ist jedoch größtenteils nicht der Fall. Hans Küng hatte mit seinem *Weltethos-Projekt* eine gute Grundlagenforschung begonnen: Die großen Religionen haben vieles gemeinsam und einiges, das sie voneinander lernen können. Die Zeit ist reif für einen ergebnisoffenen Dialog. Wir haben nichts zu verlieren, die Welt kann dabei nur gewinnen. Auch beim Thema Klimawandel und Migration könnten die Religionen mutig vorangehen. Bisher sind hier nur Appelle an die politisch Verantwortlichen zu hören, auf die aber in den eigenen Reihen keine Taten folgen. Der Dialog der Religionen und die Ökumene aller Christen hat in den Familien bereits begonnen und erweist sich als zunehmend unproblematisch. Man wird von allen Religionen verlangen müssen, dass sie ihre heiligen Schriften einer Hermeneutik unterziehen und ihre Traditionen mit der Aufklärung konfrontieren. Man wird es auf Dauer verlangen müssen, aber derzeit noch nicht können. Der Friede hat Vorrang vor der Vernunft, die Gerechtigkeit vor der jeweiligen Tradition, die in allen Religionen etwas Irrationales hat, auch im Christentum.

»Wir glauben an den gleichen Gott, aber nicht an denselben«, meinte während meines Theologiestudiums der Religionswissenschaftler über die Beziehung zwischen Christentum und Islam. Damals war ich damit zufrieden, aber nur, weil ich schöne Wortspiele mochte. Mittlerweile meine ich jedoch, dass dies letztendlich Spitzfindigkeiten sind, die den gemeinsamen Friedensweg aller Religionen erschweren. Warum identifiziert man sich ständig durch die Abgrenzung von den anderen, warum weist man auf dogmatische Unterschiede hin, als wenn diese für den Fortgang der Welt irgendeine Bedeutung hätten? Alle Religionen sind Ausdruck einer großen Sehnsucht, der man je nach Mentalität verschiedene Rituale und eine Sprache gegeben hat, Namen und Traditionen, Bilder und Metaphern. Das alles sind faktisch nur kulturelle Unterschiede, der Rest ist Deutung und Ansichtssache. Wir haben nichts in der Hand, wir haben nicht mehr als diese eine große Sehnsucht im Herzen, wir haben sozusagen nur das Gerücht, das nicht sterben darf. Wir haben eine Ahnung von Gott, der stets ein großes Geheimnis bleibt, auch wenn er sich auf verschiedene Weise geoffenbart haben mag. Als Christ bin ich froh, dass Gott sich in Jesus Christus geoffenbart hat, aber hier beginnt bereits die Deutung, denn wer Jesus wirklich war, weiß niemand mit letzter Sicherheit. Alles, was wir von ihm glauben, ist bereits Deutung, Bild und Metapher. Ich vertraue einfach darauf, dass er von Gott gekommen ist, dass sein Leben so wahrhaftig war und seine Botschaft so glaubhaft, wie es im Neuen Testament berichtet wird. Und ich setze darauf, dass Gott allen Menschen und der Schöpfung am Ende der Zeit dieselbe österliche Zukunft schenken wird wie seinem Sohn Jesus Christus.

Wir sollten gemeinsame Sache machen auch mit nichtreligiösen Weltanschauungen. Die Sehnsucht nach dem Guten schlummert in allen, sie ist der innere Motor für jedes Engagement. Anstand steht auf allen Kontinenten hoch im Kurs, er ist jedoch dann unmöglich, wenn die Schere zwischen Arm und Reich so auseinanderklafft, dass den Armen gar nichts anderes übrig bleibt, als sich nach dem Robin-Hood-Prinzip selbst zu bedienen. Mit Amnesty International, dem NABU, Greenpeace und Greta Thunberg könnten alle Konfessionen und Religionen bereits jetzt aufs Engste zusammenarbeiten. Mir scheint, wir haben uns zu sehr an den Status Quo, die christentümliche Gemütlichkeit und die Kirchensteuer gewöhnt, als dass wir noch mit Visionen unterwegs wären.

Die evangelische Kirche Deutschlands hat 2020 mit der »Poseidon« ein Schiff unter Flagge der Rettungsorganisation Seawatch gekauft, das im Mittelmeer Geflüchtete vor dem Ertrinken retten und sie in einen sicheren Hafen bringen soll. Das Projekt war in einigen Landeskirchen umstritten, wurde aber dennoch verwirklicht. Es mag wieder nur ein Tropfen auf den heißen Stein sein, der Einsatz eines Rettungsschiffs wird nicht alle Probleme lösen und sich rein rechtlich gesehen am Rande der Legalität befinden. Aber es werden Menschenleben gerettet! Ein solches Projekt hätte ich mir ökumenisch oder sogar interreligiös gewünscht. Die katholischen Bischöfe hätten sich beteiligen sollen, ein oder zwei Bischofspalais weniger aufwendig renovieren und auf drei oder vier Vorstadtkirchen, die in zehn Jahren sowieso niemand mehr vermissen wird, verzichten können. Ein ökumenisches Rettungsschiff wäre nicht nur zutiefst human gewesen, sondern auch ein Zeichen des Aufbruchs. Es hätte gezeigt, dass wir jenseits der lähmenden Selbstbeschäftigung noch ein Thema haben, nämlich das Thema Gottes: den Menschen.

Die Friedensgebete von Assisi haben gezeigt, dass es Menschen mit einem universalen Charisma gibt, die für andere Menschen unabhängig von Nationalität, Religion und Kultur anziehend sind. Papst Johannes Paul II. hatte hier eine grandiose Idee, selbst wenn die Vertreterinnen und Vertreter der Religionen gar nicht miteinander, sondern dogmatisch korrekt nur gleichzeitig und nebeneinander gebetet haben oder beten durften. Die Friedensgebete hätten nicht in Rom oder Mekka stattfinden können, das wäre jeweils vereinnahmend gewesen. Assisi zeigt nicht nur, dass es möglich ist, gemeinsame Sache zu machen, sondern auch, dass Dogmen und Traditionen immer nur der eigenen religiösen Identität helfen, im Dialog aber hinderlich sein können. Niemals darf der Versuch unternommen werden, den anderen zum eigenen Glauben zu bekehren, indem man seine dogmatischen Vorteile darstellt oder Traditionen miteinander vergleicht. Wir können nur dann neu miteinander anfangen, wenn wir aufhören, um uns selbst zu kreisen, uns selbst zu verabsolutieren. Das Eigene erkennt man erst am Anderen, und wer das Eigene gut kennt, kann auf andere vorbehaltlos zugehen.

Das Kerngeschäft: Den Himmel offenhalten

Die sechste der sieben Gaben des Heiligen Geistes ist die Frömmigkeit. Für Frömmigkeit sagt man heute auch Spiritualität. Das klingt moderner, ist aber auch offener. Eine Spiritualität zu haben beanspruchen auch Esoteriker und Manager großer Unternehmen. Sie haben das Wort geklaut, so wie es bei Apple mittlerweile auch schon Evangelisten gibt. Spirituell ist geistlich, kommt also von Gottes Geist. Es ist der gläubige Umgang mit der Wirklichkeit und bedeutet, die Welt mit den Augen Gottes zu sehen. Dennoch gefällt mir das alte deutsche Wort Frömmigkeit genauso gut.

Als ich einmal einen Vortrag über Frömmigkeit halten sollte, haben in meinem Pastoralteam alle gelacht. Warum eigentlich? Bin ich etwa nicht fromm? Sicher, ich trete für ein weltzugewandtes Christentum und für eine Frömmigkeit ein, die nicht zu faul zum Denken ist. Frömmelei kann ich genauso wenig ertragen wie pathetisches Gelaber. Gute Freunde sagen mir, ich sei zwar nicht fromm, wohl aber andersfromm. Das Wort gefällt mir gut: andersfromm.

Doch, ich bin auch fromm. Denn ich bin dankbar dafür, dass ich glauben kann. Dass mein Glaube einen Ausdruck findet, der für mich und offensichtlich auch für andere stimmig ist. Frömmigkeit – das ist dieser Glaubensausdruck, das Ganze des Glaubens, die Spiritualität. Dass ich glauben kann, dass ich bete, dass mein

Handeln von der Freundschaft zu Christus herkommt, das alles ist für mich fromm. Dass meine Frömmigkeit hoffentlich nicht trieft, dass sie nicht salbadert und schwafelt, dass mein Kopf auf dem Halse steckt und nicht unterm Arm, das ist für mich andersfromm.

Das Wort Frömmigkeit wird oft negativ gebraucht, im Sinne von Scheinheiligkeit, Bigotterie oder spießiger Langeweile. Fromm bedeutet ursprünglich so viel wie tapfer und nützlich. Noch im 19. Jahrhundert hieß es »zu Nutz und Frommen« oder auch »es frommt nicht«, das heißt, es bringt einen nicht weiter, es führt zu nichts. Erst in der Romantik, besonders im protestantischen Pietismus, meint »fromm« ein religiöses Gefühl. Das Wort kommt im Alten Testament nur ein einziges Mal, im Neuen Testament sechsmal vor, von Frömmigkeit ist immerhin sechzehnmal die Rede. Das verwundert nicht: Im Alten Testament ist der Fromme nicht derjenige mit einem religiös empfindsamen Gemüt, sondern schlichtweg der Gerechte, also derjenige, der nach dem Wort Gottes menschlich handelt; mit Frömmigkeit haben im Alten Testament aber auch Erwähltsein, Gottvertrauen, Reinheit des Herzens und die Treue zu den Geboten zu tun. Im Neuen Testament meint Frömmigkeit das Vater-Sagen zu Gott, die Hingabe an Gott und die Menschen, das Sich-Darbringen mit Christus in der heiligen Eucharistie.

Christliche Frömmigkeit hat nichts mit jenen allgemeinen Gefühlen von Ehrfurcht zu tun, die wir eher aus dem Heidentum kennen, zum Beispiel aus dem Pantheismus, der die Ehrfurcht des Menschen vor der ganzen göttlichen Welt lehrt. Christliche Frömmigkeit ist auch nicht das bloße Pflichtgefühl etwas Höherem gegenüber (*pietas* – davon das deutsche Fremdwort Pietät im Sinne von Ehrfurcht), sondern sie meint stets die Hingabe an den

Dreifaltigen Gott. Das Mühen um eine solche Frömmigkeit nennt man auch geistliches Leben. Die Frömmigkeit kann dabei sehr verschieden aussehen, aber sie ist nicht beliebig. Je nach Stand, Berufung, Ort ist man verschieden fromm (zum Beispiel Ordensleute und Eheleute). Immer jedoch ist Frömmigkeit eine Gnade Gottes. Sie ist ein Charisma, eine Geistesgabe – und kein Verdienst: Ich bin nicht fromm, um mir bei Gott etwas zu verdienen, sondern weil Gott mich liebt, bin ich fromm. Christliche Frömmigkeit ist jene Gnade Gottes, die er schenkt, damit wir auf seine Liebe antworten können. Weil diese Frömmigkeit also Gnade ist und Gabe, gibt es keine Selbsterlösung und Werkgerechtigkeit.

Christliche Frömmigkeit ist leibbejahend und diesseitig, also nicht leibfeindlich und jenseitig, bloß auf den Himmel bedacht; sie ist gemeinschaftsbezogen und weltkritisch, flieht aber nicht vor der Welt, sondern lässt sich verantwortlich und gestaltend auf sie ein. Und weil Frömmigkeit kirchlich ist und gemeinschaftsbezogen, ist das Ganze wichtiger als das je eigene. Hält jemand den eigenen Vogel für den Heiligen Geist, so führt das zu Isolation, Besserwisserei, Selbstgerechtigkeit und Sektiererei. Weil Frömmigkeit offenbarungsbezogen ist, ist sie religionskritisch, denn es kommt darauf an, auf Gottes Ruf zu antworten, und nicht, ihn durch Frömmigkeit gnädig stimmen oder herbeizaubern zu wollen. Weil Frömmigkeit Gnade ist, ist sie gefühlsskeptisch, denn das bloße religiöse Gefühl kann auch in die Irre treiben. Eine Frömmigkeit, die sich weigert zu denken, führt meistens in den Fundamentalismus, außerdem ist sie nicht missionarisch, sondern auf subtile Art einschüchternd, wenn nicht sogar gewalttätig.

Frömmigkeit ist, als Spiritualität, eine Gabe des Spiritus, des Heiligen Geistes: Spiritualität ist das Charisma, auf Gottes Liebe ganz persönlich antworten zu können. Dass ich überhaupt glauben kann, empfinde ich als ein großes, absolut unverdientes Geschenk, für das ich dankbar bin und auf das ich gerne antworten möchte. Zur Spiritualität gehört für mich deshalb das Ganze des Glaubensvollzugs: das Wort und die Tat, das Gebet und die Gemeinschaft, die Kirche und die Welt, die Liturgie und die Caritas; dazu noch Exerzitien und geistliche Begleitung.

Spiritualität ist für mich Weltgestaltung aus dem Glauben. Dabei geht es nicht nur ums Beten, sondern auch um Frieden und Gerechtigkeit. Befreiungstheologen sind selbstverständlich fromm, auch und gerade weil ihr Ziel vorrangig sozial, nämlich die Befreiung der Armen, ist, während Mystiker, die nur um sich selbst kreisen, bestenfalls scheinheilige Egomanen sind.

Spiritualität ist nicht mit Esoterik zu verwechseln, das wäre eine weichgespülte Innerlichkeit ohne jeden moralischen Anspruch. Esoterik bedeutet: Ich lebe für mich selbst, das von mir selbst kreierte Göttliche soll tun, was ich will. Spiritualität bedeutet: Ich bin Gottes Geschöpf, lebe mit ihm und tue, was er will. Der Esoteriker hat seinen »Gott« erfunden, der Gläubige hat sich von Gott finden lassen. Von daher sage ich nie, dass ich auf der Suche nach Gott bin, sondern immer, dass er mich gefunden hat.

Spiritualität gilt heute bei manchen als die letzte Kernkompetenz der Kirche, als ihr Alleinstellungsmerkmal. Ihre vielen Einrichtungen seien notfalls verzichtbar, weil auch andere staatliche und private Institutionen karitativ und im Bildungsbereich tätig sein könnten. Ich sehe zwar sehr realistisch, dass es der Kirche nicht mehr gelingt, ihre vielen Einrichtungen spirituell zu beseelen, sie unterscheiden sich kaum von derjenigen weltlicher Träger. Dennoch möchte ich Frömmigkeit und Spiritualität ganzheitlicher sehen. Wenn Spiritualität gläubiger Umgang mit der Wirklichkeit ist, dann findet sie nicht nur in Kirchen und Exerzitienhäusern statt. Wenn wir die Welt mit Gottes Augen sehen sollen, dann müssen wir erst einmal die Welt sehen. Der Himmel wird von Gott selbst offengehalten, das brauchen wir nicht mehr zu tun. Wir können aber durch Wort und Tat die Herzen der Menschen für Gottes Himmel öffnen, indem wir anziehend sind und man uns eine Kompetenz zutraut für die großen Lebensfragen nach Sinn und Ziel. Das Zutrauen in diese Kompetenz jedoch wird, wie mir scheint, bald verspielt sein, wenn die oberen Kirchenetagen sich weiterhin so vehement in Scheinheiligkeit verstricken und gegen Reformen wehren. Ohne glaubwürdige demokratische Reformen wird die spirituelle Sehnsucht der Menschen schon sehr bald an den Kirchen vorbeigehen.

Dranbleiben – aber wie?

- sich für den Frieden starkmachen
- den Nächsten lieben – gerade den fremden Anderen
- für Gerechtigkeit sorgen – weltweit und vor der Haustür
- sich in die Politik einmischen
- auf das Gemeinsame der Konfessionen und Religionen setzen
- fromm sein, spirituell, geistlich – den Himmel offenhalten

Dranbleiben – warum?

»Bleib dran!« Das wird einem gesagt, wenn eine Sache vielversprechend ist und Aussicht auf Erfolg hat. Und wenn jemand etwas Gutes nicht aus dem Blick verlieren will, dann hängt er sich an diese Sache »dran«. »Bleiben Sie dran!« Das hört man von Rundfunkmoderatoren, die nicht wollen, dass man um- oder abschaltet. Oder von Gesprächspartnern am Telefon, die darum bitten, noch nicht aufzulegen.

Christen bleiben dran an Jesus: »Bleibt in mir, dann bleibe ich in euch. Wie die Rebe aus sich keine Frucht bringen kann, sondern nur, wenn sie am Weinstock bleibt, so könnt auch ihr es nicht, wenn ihr nicht in mir bleibt« (Johannes 15,4). Seine Sache ist vielversprechend, ich möchte sie nicht aus dem Blick verlieren. Ich hänge mich dran, schalte nicht um oder ab, lege nicht auf. Niemals werde ich das tun!

Jesus spricht von einer tiefen Einheit von Christus und den Christen: »Ich bin der wahre Weinstock und mein Vater ist der Winzer« (Johannes 15,1). Und die Christen sind die Reben. Weinstock und Reben, das ist keine Einheit auf Gegenseitigkeit. Die Reben hängen vom Weinstock ab, nicht umgekehrt. Christen hängen von Jesus ab, sie hängen an ihm. Er ist ihr fester Halt im Leben, er prägt ihre Haltungen und ihr Verhalten.

»Bleibt in mir, dann bleibe ich in euch«, sagt Jesus. »Bleiben« ist das Grundwort des Johannesevangeliums. »Bleiben« klingt zunächst wie »auf-der-Stelle-Treten« und »Es-bleibt-alles-beim-Alten«, es klingt nach Behäbigkeit und Langeweile. Mit dem Bleiben ist aber gerade nicht der Starrsinn gemeint, nicht die Unbeweglichkeit, nicht die Angst vor der Veränderung. Diese Angst hängt wie ein Damoklesschwert über der ganzen Kirche, sie lähmt alles. Eine ängstliche, erstarrte Hierarchie verwechselt noch immer die Nachfolge Christi mit einem blinden Kirchengehorsam, sie verwechselt die Einheit in Christus mit einem klerikalen Korpsgeist. Sie hat nichts verstanden.

»Bleibt in mir« bedeutet unverbrüchliche Treue. Es bedeutet, in Christus eine Bleibe, ein Zuhause zu haben, gehalten zu sein von ihm, dranzubleiben an ihm. Deshalb ist Standfestigkeit angesagt, nicht Starrsinn. Christen treten nicht auf der Stelle, sondern gehen mit Christus dem Reich Gottes entgegen. »Ich stehe jetzt schon zwanzig Jahre in der Nachfolge Christi«, sagte mir ein überzeugter Christ voller Stolz. »Wäre es dann nicht an der Zeit, endlich loszugehen?«, hielt ich ihm entgegen.

Wenn Menschen gehen, dann setzen sie einen Fuß vor den anderen. Während sich der eine Fuß nach vorne bewegt, steht der andere fest auf dem Boden. Ohne einen festen Halt kommen wir aus dem Gleichgewicht. Man muss einen Standpunkt haben, ein Standbein, wenn man vorankommen will. Man muss seinen Ursprung kennen; jemand, der einen trägt und festhält. Wer keinen festen Standpunkt hat, verliert sein seelisches Gleichgewicht: Er fällt um, geht in die Irre oder hebt ab. Nur mit einem Standbein gibt es auch ein Spielbein. Ein fester Halt sorgt für Beweglichkeit.

Als Christ habe ich meinen Standpunkt in der Ewigkeit: in Jesus Christus, dem Weinstock, an dem ich dranbleibe, komme, was wolle. Ohne diesen Weinstock gibt es – wenn überhaupt – nur fruchtlosen Wildwuchs: grün, aber nichts dran. Wilder Wein, der wie bei Häusern nur für die Fassade taugt, fruchtlos, mehr Schein als Sein. Ohne Christus gibt es für mich keinen Halt im Leben, keine Zukunft, keine Menschlichkeit. Wer jedoch dranbleibt, der ist »in«, nämlich in Christus (2 Korinther 5,17). Die Verbindung mit Christus macht wahrhaft frei.

Wer dranbleibt, hat das Leben. Wer dranbleibt, bringt Frucht. Wer sich von Christus halten lässt und ihm die Treue hält, kann etwas in Bewegung bringen – im Leben, in der Kirche, in der Welt. Fallen Sie, liebe Leserin, lieber Leser, bitte nicht vom Glauben ab, bloß weil Sie sich über die Kirche ärgern. Jesus ist größer als die Kirche, Gott ist alles in allem. Bleiben Sie dran!

Quellennachweise

Papst Johannes Paul II. (2000): APOSTOLISCHES SCHREI-BEN / NOVO MILLENNIO INEUNTE / SEINER HEILIG-KEIT PAPST JOHANNES PAUL II., 43. Eine Spiritualität der Gemeinschaft
Online-Publikation: https://www.vatican.va/content/john-paul-ii/de/apost_letters/2001/documents/hf_jp-ii_apl_20010106_novo-millennio-ineunte.html
Abrufdatum: 25.06.2021, © Libreria Editrice Vaticana

Solschenizyn, Alexander: Was geschieht mit der Seele während der Nacht?, Übersetzung aus dem Russischen von Fedor B. Poljakov, © 2006 by F. A. Herbig Verlagsbuchhandlung GmbH, München